从入门到精通
五天变身新媒体营销专家

微信营销与运营

模型、案例、方法和技巧

张静波 吴银平 编著

中国社会出版社
国家一级出版社★全国百佳图书出版单位

图书在版编目（CIP）数据

微信营销与运营：模型、案例、方法和技巧 / 张静波，吴银平编著．
—北京：中国社会出版社，2015.6
ISBN 978-7-5087-5070-5

Ⅰ.①微… Ⅱ.①张… ②吴… Ⅲ.①网络营销 Ⅳ.①F713.36

中国版本图书馆CIP数据核字（2015）第112352号

书　　名：微信营销与运营：模型、案例、方法和技巧
编　　著：张静波　吴银平

出 版 人：浦善新
终 审 人：李　浩
责任编辑：杜　康　　**责任校对：**王银霞

出版发行：中国社会出版社　邮政编码：100032
通联方法：北京市西城区二龙路甲33号
电　　话：编辑室：（010）58124864
邮购部：（010）58124848
销售部：（010）58124845
传　真：（010）58124856
网　　址：www.shcbs.com.cn
经　　销：各地新华书店

中国社会出版社天猫旗舰店

印刷装订：中国电影出版社印刷厂
开　　本：170mm×240mm　1/16
印　　张：15
字　　数：250千字
版　　次：2015年8月第1版
印　　次：2015年8月第1次印刷
定　　价：39.00元

中国社会出版社微信公众号

前言
PREFACE

几年前，微信刚推出时，还只是一个简单的基于移动互联网的实时通信应用，在当时微博红极一时的大背景下，再加上安卓和 ISO 系统远不像今天这样普及，所以当时很多人是不看好微信的前景的。

然而，随后几年微信的迅猛发展，却令很多人大跌眼镜。如今，微信已经从最初的实时通信应用发展成一个跨通信运营商、跨操作系统平台，集购物、娱乐、通信于一体的庞大社交平台。今天有超过 6 亿用户在使用微信，其数量之庞大，令竞争对手不寒而栗。

马云不止一次评价说，马化腾的微信让他紧张，而事实也的确如此，微信由于在开发上不设限制，再加上其强大的社交功能，使得不少嗅觉敏锐的人很早就挖掘出微信的商机，并尝到了微信营销的甜头。

今天，微信营销无论对企业还是自媒体来说，都不是一个陌生的词语。随着微信营销的不断普及，很多商家都意识到了它的优点：免费、门槛低、传播快、共享性强等。

微信之父张小龙在谈到研发微信的初衷时，这样说道："我特别希望，微信能帮助到每个人，让每个人能发光。一个人只要有一点点想法，就可以有 100 个读者。哪怕一个盲人，只要有一技之长，比如按摩，也能通过微信找到他的100个顾客而生存下去。那么这个盲人，也可以有自己的品牌，自己的粉丝群，自己的客户。”

这段话为自媒体的蓬勃发展找到了注脚，也是微信营销不断焕发活力的原因。如今的微信营销早已不再是当初朋友圈刷屏买卖、群发广告等简单粗暴的营销招数，而是更多地通过各种科学的数据分析和管理来达到另一个营销的新高度。

本书基于微信6.1版本，全面介绍了微信的各个核心功能及其应用，以及该版本给商家的产品、服务营销带来的新功能和新变化，在此基础上还提供了大量在微信营销上取得巨大成功的企业或自媒体的案例，以方便读者学习借鉴。

可以说，无论你希望在微信上做什么，本书都能为你提供详细的指导，学习掌握微信营销的各种方法和技巧。不仅如此，通过阅读本书，你还能够找到自己的定位。

微信营销不是简单的朋友圈营销，还可以结合各种微信功能，比如朋友圈加微店宣传，再比如打造品牌化的微信公众平台。只要你掌握了书中介绍的这些营销手段，再结合自身所处的市场环境，就一定能找到最适合自己的微信营销方式。

每本书的出版都离不开众多幕后英雄的支持。本书从策划开始，就得到了张朝贵、钟翠芳、牛晓玲、牛领辉、王帅、张昀明、陈宇峰、王义龙、赵菁、张静娴、张玉雄、张燕等人的帮助，他们为本书的编写提供了大量宝贵的资料和建议，在此一一表示感谢。

编著者

2015年6月28日

目录
CONTENTS

第11章 公众平台订阅号：自媒体APP，订阅营销自动化

第12章 自定义菜单：设置一二级菜单，有效回复，营销无处不在

第1章

揭开微信 6.1 的神秘面纱，微营销进入后数据时代

身处互联网大数据时代，各种商机层出不穷，有洞察力的商家能够敏锐地捕捉到其中的机会，从而开创出一套有自己特色的营销策略，微信营销就是很好的例证。

微信从诞生至今，已经从最初单纯的社交软件演变成现在集社交、娱乐、购物、支付为一体的综合平台。随着微信版本的不断更新，商家能够捕捉到的商机也越多。微信 6.1 版更是对原有功能进行了全面优化，新推出许多新功能，为微信营销提供了便利。

1.1 搜索优化，便于查找和营销

微信升级至 6.1 版本后，虽然用户界面（User Interface）与此前版本相比变化不大，但在细节方面做了更多的优化，例如搜索、支付，以及通讯录等方面的优化。

其中，搜索方面的优化使得微信搜索形成基本的雏形。例如，你只要在搜索框中输入“快递”二字，页面中就会出现诸如“中通快递”、“顺丰快递”等公众号的信息，或者是与这些快递信息相关的文章。这样的变化，进一步完善了用户的体验。

此前，微信只能搜索到联系人、群聊等信息，现在新版本增加了以下三项搜索功能：

公众号　能够很便捷地查找出与关键词匹配的微信公众号，包括订阅号和服务号，换句话说，将订阅号和服务号整合在一起。

公众号文章　能够快速搜索与关键词匹配的公众号文章。

收藏　能够查找到用户微信收藏中与关键词匹配的内容。

微信 6.1 的上述新特性，给公众号的运营带来极大的好处。更新后的“查找与关键词匹配”功能，意味着微信应用的再次升级，用户不再仅仅将微信当作日常的社交工具，更重要的是，还能在上面找到自己需要的海量信息，这将有助于构建一个新的、完整的搜索生态系统。这其中，丰富多样的订阅号、公众号起到了至为关键的作用。

对于大多数商家来说，微信营销是不可或缺的重要环节。现在微信上的公众号多达 600 万个，每天这些公众号都在制造庞大的数据，如何将这些信息推送出去，让更多的用户看见，

就成为营销制胜的关键。

微信 6.1 之前，公众号文章只能推送给关注该公众号的用户看，或者通过用户的转发与分享才可以被更多的人看见，这是此前微信版本的局限性。从一定意义上来说，公众号就是一个过于独立的个体，缺乏与用户的互动，许多优秀的公众号都依赖别的资源和平台将既有的用户和流量往微信上灌输，这才有了公众号“大拿”。当然，也有仅依靠微信平台土生土长起来的公众号，但数目少得可怜。

新版本整合了搜索功能，使得用户不再被动地获得各类公众号的信息，而是主动去体验更好的搜索功能，从而在一定程度上打破了公众号“孤立”的状态，与外界取得更多的关联。同时，也使得公众号更加开放，更有利于公众号向大众展现。

因此可见，新增的搜索功能对于微信营销来说，是一大福音。公众号推送的主题文章和产品咨询等内容不但可以给本已存在的用户看，还能扩大推送范围，给对这一主题、这一领域感兴趣的潜在用户阅读，有助于获得更多的用户，从而提升公众号的覆盖范围和传播影响力。

以微信平台“人生日历”的运营为例，运营者王威龙利用搜索的优化，最终实现了一星期从零到600 粉丝的增长，而且大多数是有效用户。

虽然搜索功能优化了，但在这个信息泛滥的时代，“内容为王”的规则依旧没有改变，这意味着公众号推送的内容至关重要。如果你推送的内容都是从网上复制粘贴过来的，那么很有可能你的粉丝会取消你的关注，而且重复传播的内容最后看的人也不会太多，这对你公众号的传播力也会产生不良影响。所以要注重内容的原创性，也要根据用户的喜好去定制内容，这样你才有机会被更多的用户搜索到，从而增加公众号的曝光度。一旦曝光量上去，你的粉丝数也就上去了，这样产品的曝光度才会更高。

所以，微信 6.1 对搜索的优化为微信营销创造了更多的可能性。

1.2 支付优化，营销支付不费力

新版本的微信还增加了“面对面收钱”功能，用户可以通过二维码给身边的人转账，方便快捷。该功能和支付宝的收款主页很像，只不过微信的支付功能更加便捷。

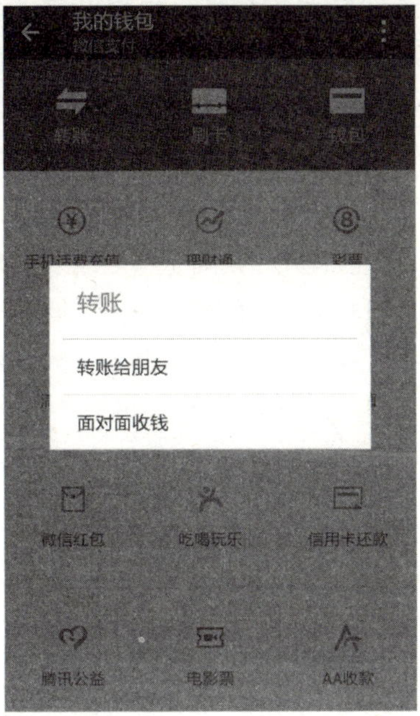

虽说和支付宝很像，可微信的二维码支付还是和支付宝有所区别。微信的二维码支付拥有更多的社交因素，其主打的是“面对面收钱”功能，无论是在朋友之间周转往来，还是在一些小商户中间付款购物都是非常便利的。这个实用的功能或许在不久的将来能落实到线下，一些小商户和便利店就能运用二维码来进行款项的收取。

以往的二维码支付流程都是商户先拍下发送在朋友圈里的二维码，这种情况通常都要先识别，而这种识别只有保存起来才能进行下一步的“图片识别”，然后你才能用二维码来支付。这样的流程是非常烦琐的。

现在的“面对面收钱”则改善了这一流程。微信 6.1 对支付功能的更新可以智能地识别含有二维码内容的图片，用户在支付时，只需点击查看包含二维码的照片，然后再长按屏幕就能快速识别二维码内容，而且还能得到二维码扫码后直接呈现出来的内容，从而实现快速支付。

毋庸置疑，微信新增的这个支付功能在不久的将来会提高含有二维码的内容在微信里的传播率。随着传播率的提高，商家收款将会更容易，并且可以借助微信扫描二维码来进行一系列营销活动。这也更加印证了 6.1 版本开机时画面中所呈现的那句话：“转账，就是发信息”。

如果说“转账给朋友”是朋友之间的相互交易，那么转账功能下的“面对面收钱”则更倾向于商家收单。例如，一个自媒体在销售自己的一本书，他只需要在“面对面支付”的页面里设置要转账的金额，再将设置了金额的二维码上传到公众号里或是朋友圈里，买书的人只要直接扫一扫，购书款就直接进到自媒体的口袋中，这完全颠覆了传统的支付模式，让现金流来得更快。

更重要的是，这一过程并不复杂，人人都会操作，大大增加了支付的可行性和便利性。当然，这种支付方式也有弊端，比如付款人太多时，统计数据会比较麻烦。但总体而言，这使得营销的支付毫不费力，商家不必因为用户转账或是改变付款渠道而支付相应的服务费和时间成本，在节省成本的同时，也使得支付更加简单化。这种支付方式的优化，必将成为微信营销的一大利器。

1.3 订阅号和服务号又整合，营销趋向垂直化

微信公众平台刚问世时，订阅号和服务号其实是不分家的，可是到了微信5.0版本更新时，订阅号和服务号被拆分开来。不过在6.1版本中，订阅号和服务号重新整合在一起，这就意味着营销逐渐趋向垂直化。

为了更好地说明营销垂直化趋势，我们首先来了解一下订阅号和服务号的区别。

订阅号 通俗来讲，就是企业或者自媒体通过推送文章和资讯，提供一种新的信息传播模式给媒体和个人，建立一种能和读者之间更好地沟通和管理的模式。

订阅号的特点是，每天只能群发一条消息。订阅号被整合在用户的通讯录列表中，用户所关注的订阅号会统一放在订阅号文件夹里，这意味着当订阅号有新的消息推送时，也会统一放在文件夹里，而不会立即影响到用户。

服务号 则比订阅号强大得多，其能够给企业和各类型的组织提供更完善、更全面的业务能力和管理用户的能力，可以帮助企业和组织打造一个完全属于自己的公众服务平台，以提高企业影响力。

不过，服务号只能一个月发送一条信息，与订阅号的新消息提醒不同的是，服务号推送的消息会直接出现在用户聊天的列表中，能让用户第一时间看见，也就是说，用户可以通过新信息提醒及时收到服务号的新消息。

微信5.0刚出来的时候，相信企业或是自媒体都会有这样一个疑惑：我是该申请服务号还是订阅号呢?

一般来说，服务号是为客户提供服务的，大多数为银行和企业所使用，而

且服务号不需要认证就能免费申请自定义菜单，订阅号如果想要自定义菜单的话，还得缴纳 300 元验证费，但是订阅号因为每天都能群发一条信息，所以申请订阅号的企业或组织与用户的互动会比服务号频繁很多，这样也更有利于营销的整合。

至于申请订阅号还是服务号，这主要由企业的性质和对客户推送的信息量来决定。

微信 6.1 出来后，上述问题就不存在了，因为微信 6.1 将订阅号和服务号重新整合在一起，统称为**公众号**。这表明订阅号比服务号更有活力，阅读订阅号的人比服务号要多，这对自媒体来说是一个可遇而不可求的发展机会，而腾讯也想通过这一点来鼓励企业或自媒体创造更多的原创内容，使得公众号平台更加充实起来。

既然订阅号和服务号统一整合为公众号，那么企业和组织就不用纠结于该申请订阅号还是服务号，可直接申请公众平台，在上面传输内容，打造属于自己的运营平台。

由于微信 6.1 对搜索进行了优化，用户可通过关键词搜索到更多与主题相关的文章，企业可通过这个优点积累大量有效的基础用户，从而为下一步营销打好基础。

网络营销主要是通过在网站上投放广告来增加流量，可是近年来，互联网广告价格逐渐上涨，给许多商家带来压力，而微信平台的出现无疑给商家节省成本带来了福音。微信做搜索应用，实际上是在做长尾流量的口径，而这些流量最终会转化为公众号里的有效用户。

目前，网络营销正在经历一场从综合性平台向行业领域纵深化发展的改革，企业广告的投放不能再像以前那样粗放，而是要向精准化、细分化迈进，营销的垂直化趋势已经势不可当。垂直化营销能使广告投放的渠道更加透明、更加公开，能使投放广告的双方实现精准匹配。企业可以通过和其他公众号平台合作，将广告投放到别人的公众号平台上，也可以接收别的公众号平台的广告，从而达到精准投放广告的目的。

而且这些公众号之间也可以结成一个公众号联盟，在公众号推送的内容里互相推荐，既可以提高公众号的曝光率，也可以增加和转化，可谓一举两得。例如，“财务第一教室”、“金融第一教室”等公众号已经结成一个联盟，每次看订阅号里的文章都会看见这些推荐内容的出现。这其实就是垂直化营销的一个简单应用。

在新型的网络营销里，企业应该注重微信平台的打造，将公众号塑造成一个小的联盟号，这样才更有利于广告的精准投放以及实现流量的转化。

1.4 通讯录增加标签，营销分类轻松玩转

在6.1之前，微信里的分组体验不是很好，但6.1出来后，分组体验明显好了很多。用户可以通过新版“**标签**”功能来对通讯录里的好友进行更加细致的分组。

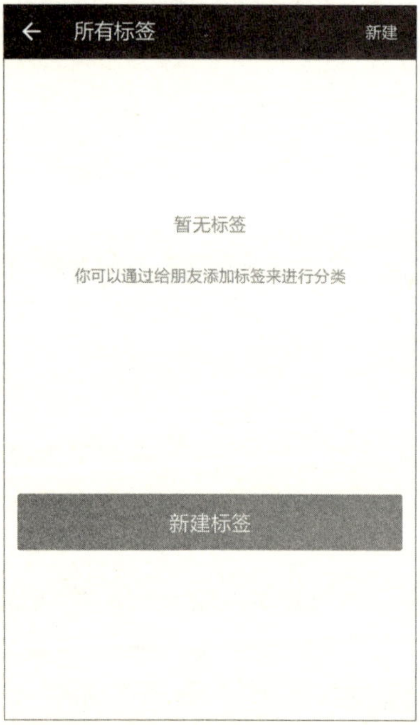

同样的，一些在朋友圈里做小买卖的商户也可以通过“标签”功能来实现对客户的分类，这样在推广产品信息的时候更加方便，同时也能针对客户群对自己的产品进行分类，哪种产品适合哪个客户群，应该运用怎样的销售技巧等，非常有用。

事实上，标签功能就是一项管理功能，在公众平台的营销价值被人们无限放大的同时，却很少有人想着怎样管理好自己的客户群，这对于个人微信号而言尤其重要。

假如你正在经营一个化妆品的微信号，除了大力宣传自己的名片以获得别人的关注外，对这些关注自己的人进行详细分类，无疑会对你的产品营销产生更好的效果。

我们以一家名为 NEW FACE 的护肤品店为例，这家护肤品小店所有的产品都是由老板亲自研发的，其客源大致可分为朋友、朋友介绍、亲戚、亲戚介绍等。这样的标签分类一目了然，你在找这些客户聊天时也可根据他们的不同属性使用不同的技巧。

如今，NEW FACE 的销售业绩已经比当初在淘宝上做的时候多了好几倍，大多数都是学生或者刚毕业的女生购买。这除了得益于朋友圈的宣传之外，也有部分原因是得益于通讯录标签的分类。

面对不同的客户群，与他们打交道时用到的方法肯定不一样。如果是和自己熟悉的亲戚交流，那就不必浪费时间和他们客套，直接问清楚需求，解释清楚产品的属性便可，这样可以节省不少时间来做别的事情。

可是，面对不熟悉的客户，比如通过别的渠道添加到你微信号的人，你就要花费更多的时间来和他们沟通，这时候你就可以将这些客户分类到一个独立的标签里，做一个专门的攻克，或许你能从中挖掘到更多的资源。

总之，管理好你的通讯录标签，你就能轻松玩转营销分类！

1.5 朋友圈权限更加私密，营销噱头更爆点

在新版的微信里，朋友圈权限的设置变得更加隐私，如果你不想看见某人的更新状态，又不想让别人看见你的更新状态，而你又想继续和这个人做朋友，那么你可以通过设置朋友圈权限来达到这个目的。

目前，微信朋友圈营销很火爆，十个朋友当中可能就有一个会在朋友圈里做营销，刷屏刷广告等。在这些朋友中，可能有人会“一夜暴富”，也可能“一夜暴黑”。作为微信普通用户，他们可能并不想看见自己的朋友圈被各种各样的广告充斥，于是就会对你设置权限。

那么，如何才能让新增的朋友不对你设置权限呢？这就要求商家的微信营销更具噱头和爆点，不然你迟早会被拉黑。其实，营销噱头无处不在，对于国内消费者来说，弱点营销是真真切切存在的。

现实中，人性的弱点有许多，诸如贪婪、虚荣、恐惧、嫉妒、喜欢免费的东西、唯品牌不爱等，商家可以运用这些人性的弱点来进行有效的营销。

毫不夸张地说，一切营销都是弱点营销。有些人害怕皮肤黝黑，如果你是做护肤品类营销的商家，那么你可以在朋友圈里定期发送一些用心的文字和产

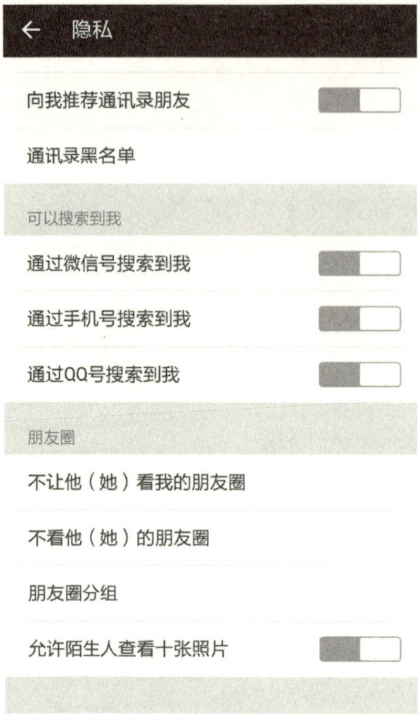

品介绍。如果之前是你的客户主动加你微信的话，那么他肯定是对你的产品有需求才加你微信的，可能鉴于他和你不是特别熟悉的关系，在他对你产生信任之前他会对你设置权限，不让你看他的朋友圈。这并不要紧，只要你的营销噱头足够，那么你的客户自然会主动找上门！

虽然朋友圈的权限设置给许多商家带来麻烦或是营销障碍，但从某种程度上来讲，这又激发了商家对营销噱头制造爆点。不过，在制造爆点之前，你必须了解朋友圈不能做的四件事情。这是腾讯针对诱导用户分享到朋友圈里的营销行为所提出的。

第一点 不允许集赞、集吻、拉好友转发送红包。微信朋友圈已经反对公众号利用送礼物、送服务等噱头来转发朋友圈，凡是集赞、集吻、转发红包、找别人拆礼物等诱导用户转发的行为都是不允许的，即使并没有附上“转发朋友圈”等字眼。所以，商家在营销推广的时候应该避免这一点。

第二点 禁止那些需要转发才能进行后续操作的行为。还有就是禁止朋友圈里那些带有言语威胁的信息转发。这一点不用详细解释便知道，腾讯禁止的是那些煽动性强、社会影响力大、话题性广的信息转发。朋友圈里常常会出现诸如“是中国人就转起来”、“不转不是中国人”此类信息，这些信息现在是不允许被转发的。

第三点 禁止弹窗提示分享。之前朋友圈里的小游戏红极一时，如果出现弹窗提示分享也属于违规行为。另外，有教别人如何分享的操作也是不被允许的。

第四点 禁止教育用户如何进行分享。这一点很容易被忽略，一般商家认为我只要不集赞、不诱导转发、不弹窗提示分享，写段文字配上插图教用户怎么分享总可以吧？答案是这也不被允许！因为腾讯多次表示，微信属于比较隐私的社交网络，如果没有任何规则约束，那么开发微信的初衷也就荡然无存。

了解上述四点禁忌后，商家也就能有意识地去规避一些风险，这样其实也能大大降低被客户设置权限的可能性。与此同时，还能筛选出某些营销噱头来进行重点营销。

虽说腾讯禁止诱导转发、拉好友得红包等行为，但你可以通过一些产品活动来达到营销目的。比方说，让你现有的用户推荐你的名片给他们的好友，让他们添加你的微信号，然后你再送点小赠品给你的老用户也是可行的。这相当于一种自发性行为，没有强迫、诱发用户必须去做某件事情。

很显然，上述例子运用了“免费”这一营销噱头。基本上，“免费”一词对于客户来说都是没有免疫力的，可以放到自己的产品上加以推广。

由此可见，朋友圈权限设置其实也不是什么太可怕的事情！

1.6 朋友详细页面，营销可以语音视频一起上

不知大家注意到没有，在微信 6.1 中，原本“视频聊天”的按钮变成了“微信通话”，而且还可以选择语音通话和视频聊天。

这一更新无疑为朋友圈营销带来另一大利好。该功能可以让你的产品有更多的展示空间，而不仅仅是利用文字和图片来向你的客户展示产品的性能和功效，你可以结合文字和语音通话，抑或直接与客户进行视频，向他们实时展示你的产品。这一点既可以方便快捷地展示你的产品，也能让你的客户对你产生信任感。

有时候，你不能用文字详细向客户说明某款产品，在这种情况下，你用语音通话和客户解释清楚，他们会对你产生信任感，从而选择购买你的产品。因为你对他们展现出了诚意。

就拿笔者身边一个靠卖各种特别饰品的朋友为例，这个朋友对微信里的语音通话功能简直用到了极致。和大多数商家一样，她与她的客户基本上都是素未谋面，只是因为她要出售的饰品才和他们认识。有时候，她要出售一件蜜蜡给她的客户，而她的客户并不十分清楚蜜蜡的价格行情和品质功效。这个时候，她会在微信聊天中详细解释给客户听，从而使她的客户知道她的这款产品比其他的好出几倍不止。

我们暂且不评论她的产品质量如何，就语音通话来说，及时详细地解释总是比慢悠悠地打字回复有效得多。据我所知，她最后通过与这个客户及时清晰

地对话而将那块价值2000元左右的蜜蜡成功卖给对方，赚了一小笔钱。

在大多数情况下，她都是通过语音通话和客户进行沟通，这样不仅节省自己的时间，也节省客户的时间，而且从多次对话中，客户也可根据商家对自己的态度大致推断出商家的性格，以及该商家是否可信，这也是塑造个人形象的一种间接途径。所以在微信营销中利用好语音聊天，能够为你带来一大笔收益。

除了语音通话，视频聊天也是宣传产品的一大利器。做朋友圈营销，我相信大部分客户跟你都没见过面，客户不知道你的产品和信誉如何，也不知道你长什么样，但是通过视频聊天，他们能从屏幕中得知你的长相、你的产品外形等许多他们想知道的信息。虽说一个人的长相对售卖产品而言并不重要，可是你的长相或者装扮往往代表一个人的外在形象，如果你在屏幕另一端的打扮整洁大方、友善和谐，客户在看到你真人之后自然会对你产生良好的感觉，再加上你对商品的耐心介绍，客户总是会对你的产品萌生期待，这样你便能激发客户的购买欲望。

这是一环扣一环的，开头做好了，后面的产品推广和客户沟通自然不成问题。

其实，从本质上来讲，利用语音功能和视频聊天都是为了增加商家与客户之间的互动，有互动自然就有交流，如果客户喜欢你的产品，他们就会主动下单，而且还会把好的东西分享给他们的好友，这样你的朋友圈生意就会越做越大，有效客户也会逐渐增多。所以，不要小看这一功能，有时候你一个细心的举动就能带来巨大的收益。

总的来说，微信6.1的更新，主打的是搜索的优化和支付的优化，以及订阅号和服务号的整合。对于商户而言，应该抓住这一时期的重点，运营好自己的公众平台，以此获得长尾流量，再通过各个公众平台的联盟，使得这些流量最终转化为自己的有效用户，来实现产品推广的目的。

另外，熟练运用支付方式也很重要。微信6.1强化了支付方式的场景，使得用户能够更加便捷快速地付款、收款、转账等。这是微信对支付宝的一项挑战，商家虽然不用理会腾讯与支付宝之间的对战，可是必须熟悉运用这些支付方式，知道二维码付款是怎么样的，也要知道“面对面付款”的设置与应用，这样才能更加快捷地实现收入，让现金流多起来。

除此之外，便是针对朋友圈的一些基本功能的使用，运用好标签功能和朋友详细页面会对你的微信营销产生很大的帮助。营销本来就是一件烦琐的事情，如果你将自己手头现有的客户分好类，在销售产品的过程中让客户对你产生信任，那么成功就是水到渠成的事情。当然，在这个过程中要注意朋友圈里有些事情是不能做的，一旦做得过火了，最后被腾讯封号的话就得不偿失了。

第2章

朋友圈：微信开放平台应用营销

随着微信营销的不断发展，朋友圈刷屏、杀熟现象屡见不鲜。用户对这类现象深恶痛绝，如果商家再用如此简单粗暴的手段来引人眼球，势必会遭致用户的反感。所以，了解朋友圈的营销模式，掌握朋友圈的编辑内容以及发送时点，通过情感营销和信任营销来获取更多客户群，就成为商家的必修课。

2.1 朋友圈的商业模式

“要不你加我微信吧。”

“不如我们上微信聊吧。”

“你看看我发的朋友圈。”

……

诸如此类的对话常常出现在你我的现实生活中，微信俨然成为当今社交的热门方式，每个注册了微信账号的人，或多或少都会通过微信来取得社交联系。根据腾讯发布的财报资料显示，截至 2014 年第三季度，微信月活跃账户数已经达到 4.68 亿，同比增长 39%。

4.68 亿！这个庞大的数字意味着什么？意味着我们的客户都在用微信。翻开你的朋友圈看看，不难发现有相熟或不熟的朋友都在做自己的小生意，其火热程度已经有向淘宝发展的趋势。为什么这么多的人选择在朋友圈上做生意？交易方便是其中一个主要原因。

微信具有**社会性网络服务（SNS）**的天然属性，假如客户看中你在朋友圈发布的商品，他可以直接通过微信私聊，而不用再切换其他的聊天工具，这大大增加了交易的便捷性。而且，微信的私密性很强，评论你的两个人之间不是好友关系的话，他们在朋友圈里是互相看不到对方的评论的。这意味着，如果 A 评论你的商品是水货而不是行货，B 也看不到。

除此之外，玩朋友圈的人都有一个共同点，就是喜欢分享。随拍随传已成为一种潮流，当你的客户收到你给他寄的商品时，出于热爱和兴奋之情，会顺手分享你给他发的商品。可别小看这一朋友圈分享，这其实在无形中为你的商品做了一次免费的推广。

值得一提的是，无论别人看不看你的朋友圈，你发出的商品文案、商品描述以及商品图片等就在那里，朋友圈的分享就是那么多，他利用碎片化的时间就能看完有限的资源。而且你时常发布新的商品和描述等信息，也会让你在他的朋友圈里混个脸熟，即使他一时半会儿不购买你的商品，也知道有你这个人的存在。这无疑给你添加了一个潜在客户。

一般来说，传统电商的经营模式是固定的，就以淘宝上的各种网店为例，要培养回头客是一件比较困难的事情。基本上这次交易做完了，也就基本了事，很难再与顾客有联系。而微信比传统电商多了一个优势，那就是客户绑定。当你的客户在朋友圈里发布内容时，你可以随时和他们互动，即便只是点个赞，或者在下面评论，抑或两者皆做，你都在积极维护与顾客之间的关系，为你的微信营销打下必要的基础。

所以，虽然微信营销前期见效慢，但只要你通过一段时间的努力维护与巩固，客户的转化率和二次消费就会大大提升。因为通过朋友圈，你和客户不再是互不相干的陌生人，而是在一定程度上成为朋友。你这样做的同时，其实也是在帮自己节省维护客户的成本。

懂营销的人都知道，老客户能够帮你寻到新客户，通过口碑传播、互相介绍，你可以迅速扩展新客户。因此，当你的客户群达到一定规模后，你只需把产品和服务做好就行了。

在互联网电商中流传着这样三个关键词：流量、成交、转化率。这三个词同样适用于朋友圈营销。有人的地方就会有消费，你的生意不一定在朋友圈里做，也有可能在 QQ 空间里进行，在陌陌、来往上销售也可以，只要能形成流量，你的销售就完成了最基本的部分。

当然，别忘了还有一个重要的数据：**转化率**。提高转化率很重要，这能看出你的流量和成交是否成正比，这样你就能看出你的营销推广到了什么程度。

在朋友圈里做营销，转化率比你在其他平台上做营销要高得多，因为你平时都在大力维护你和客户之间的关系，自然能够事半功倍，这也成为你在朋友圈上营销的有力手段。

总体来说，朋友圈的商业模式可分为以下几类：

（1）利用微信天然的 SNS 属性，与客户建立关系。

（2）通过微信的社交性，积累老客户，而且可以通过老客户发展新客户。

（3）通过平时维护新老客户的举动，提高转化率。

2.2 编辑好个人或机构信息

如果你是在朋友圈里做买卖，那么编辑好你的个性签名或者个人微信头像很重要。为什么这样讲？因为你的个人或机构信息往往代表了你在客户心中的形象，这是你给客户的初步印象，留下良好的第一印象会让你在后面的营销中事半功倍。

不要忘了，我们现在做的是微信营销，如果拿微信营销和淘宝买卖做对比的话，你会发现两者有着本质区别。在淘宝买卖中，90% 的买家只会对商品描述、用户评价、店铺的信用指数、服务态度等方面感兴趣，而对店铺背后的掌柜或者说老板完全不感兴趣。即使有买家专门冲着店铺的掌柜去买东西，那也是极少数。

当然，随着淘宝网的发展，现在淘宝上也有店铺开始走这一路线，例如“子曰”茶店背后的老板是微信公众号“不止读书”的主编，这样的工作为他积累了不少粉丝，许多粉丝都会冲着他这个人而去买他的产品。事实上，他的产品也做得很好，无论是店铺装修还是产品包装，都非常符合当下年轻人的潮流和口味。还有别的一些店铺，例如“木木三”、“尺渡”、“胡公子”等，都属于个人色彩浓厚的店铺，买家都是冲着掌柜去买的。一般而言，这些买家属于粉丝性质，忠诚度比其他买家高，淘宝店铺里的评价自然也会好评居多。尤其是那些小而精美的店铺还有许多原创服装品牌，买家都是忠诚度很高的一群人。

回过头再来看微信朋友圈这个营销平台，你会发现既没有店铺装修也没有用户评价，更谈不上店铺信用指数、缴纳的保证金等。你做微信朋友圈营销，从很大程度上来讲是靠个人名誉来做买卖，这就要求你的个人形象必须要正面、积极向上，使得你朋友圈里的朋友对你产生信任，从而购买你的产品。因此，一个好的微信名加上一个好的头像对于你建立朋友圈里的信任度至关重要。这不仅仅是对个人而言，企业机构也同样适用。

假设每天都有数十上百的人加你微信，而你又不认识这些人或者不熟悉，你在考虑是否加对方之前通常都会先看看他的微信名称和个人头像。可能这些人的用户名和头像会像 QQ 名字那样千奇百怪、富有个性，不要说你一开始就能记住这些人的昵称和头像，即使是和他们聊过几次，你也不一定能记得他们的头像和昵称。

所以作为商家，首先你的微信名绝对不能太复杂、太奇怪，最好用你的真名、艺名或者别人熟悉的名字。同样的，机构也可以用自己的品牌名、公司名或者要推销的产品名字也可以。最常用也是最容易让人识别和记住的，就是“真名 + 品牌”或者是“品牌 + 真名”这样的名字组合，往往能够成为你对外的一张名片，使客户对你产生良好的第一印象。

举个例子，如果你在丽江做客栈，那么你的名称可以叫“丽江客栈 · 小张姐姐”，这样客户在加你微信的时候会觉得你这个人真实，这样很容易建立起初步的信任。除此之外，你的名字也在无形中宣传了自己的公司品牌，可谓一举两得。

微信头像的选择也要注意。选好一个好的微信名称后，使用一个符合你名称的头像也很重要。许多人的头像跟名字、产品毫不相干，这样就不能做到头像和名字的统一，从而缺失一部分美感和逻辑，用户对你的印象也会因此大打折扣。

一旦你使用与自己的名称、公司品牌、公司产品相符的头像，就能在无形中建立起初步的信任，你的产品以及你这个人就会对用户产生辨识度。所以，用自己或阳光或帅气或知性的真人照片做头像，或者用你公司知名的产品、商标 logo 做头像，会比你用那些稀奇古怪辨识度不高的照片做头像更有效。

除此之外，还要注意微信朋友介绍里所在地区的设置。相信大家已经发现，许多人的微信地区介绍里都是一些偏远地区，或者是你从来没听说过的地方，什么阿尔及利亚、法属圭亚那、格陵兰岛等。这样做看似好玩，也吸引人眼球，实际上造成的影响很不好，如果你真的想向客户展现你真实的面貌，那么地区设置理所当然应该填上自己真实的所在地，而不是搞那些过于特色的东西。这是一个小细节，应该注意。

2.3 掌握好发布时间

关于信息发布时间这个问题，仅凭一时兴起毫无章法地发送并不会对你的朋友圈营销产生积极效果，如果想让更多的人关注到你的产品信息，就必须根据客户的作息时间来掌握好发布消息的时间。

打开朋友圈你会发现，许多做朋友圈营销的人要么在五分钟内连发五六条产品信息，要么很可能一天也发不到一条，有些人则从早到晚发个不停，一天下来发送的朋友圈消息可能多达数十条。这种做法其实并不可行。既然你是做营销的，就应该认真研究一下客户的作息时间，在什么时间发送朋友圈消息才能实现营销效果的最大化。

一般来说，以下四个时间段发送朋友圈信息能够极大地提升产品的曝光率，也不会令你的客户在看到广告后觉得特别厌烦：

早上7：30—8：30，上班早高峰。大部分人在吃早餐、等公交车、等地铁或前往公司的路上，他们习惯掏出手机来刷刷朋友圈，看看好友的动态。此时，你应该抓住机会去发朋友圈。但这个时间段发朋友圈最好不要发自己的产品信息，将心比心，有谁会愿意一大早看见自己的朋友圈里满是刺眼的广告？所以，你可以适当发送一些当天的有趣新闻、热点、心情、励志等内容，以便让你的客户拥有一天的好心情。

中午 12：00—13：00，午休时间。人们有事没事都会刷刷朋友圈，想要轻松一下，所以此时也是刷朋友圈的高峰期，你可以适当发一条有关自己产品的信息，以引起客户的注意。但这种信息最好是引导性或是具有某些噱头的，这样才不致让你的客户感到厌烦。

傍晚 17：30—19：00，下班晚高峰。和早高峰一样，都是人们刷朋友圈的高峰期，你可以发一条今天销售的成果信息图，也就是你今天发了多少货物、你的心情等。这些都是很有必要的，可以让你的客户知道你并不是没有客源，你的产品也是值得信赖的，这在无形中提升了你的信任度，也让你的客户知道你的产品是不愁客源的。

晚上 21：00—23：00，也是一个高峰期。这个时候你不必要再发产品信息，而应该发一些有关产品的常识、小百科等。假设你是一个做护肤品的微商，此时可以发一些护肤小常识，也可根据客户的产品反馈来介绍自己的产品。另外，也可以发一些自己的生活状态等。

除了根据客户的作息时间来发送朋友圈，也可以研究一下其他微信平台公众号消息的推送时间，从而确定自己产品信息在朋友圈里的发送时间。我们来看看以下某公司的微信平台消息发送统计数据，或许你会从中得到启发。

拥有微信公众号的用户，可以从后台的“小时报”图文统计中得到有效数据，首先在后台打开【图文分析】→点击【图文统计】→选择【小时报】，然后选择发布消息的日期，一般不会选择发布消息的当天，这样就可以看到一整天的阅读数据。

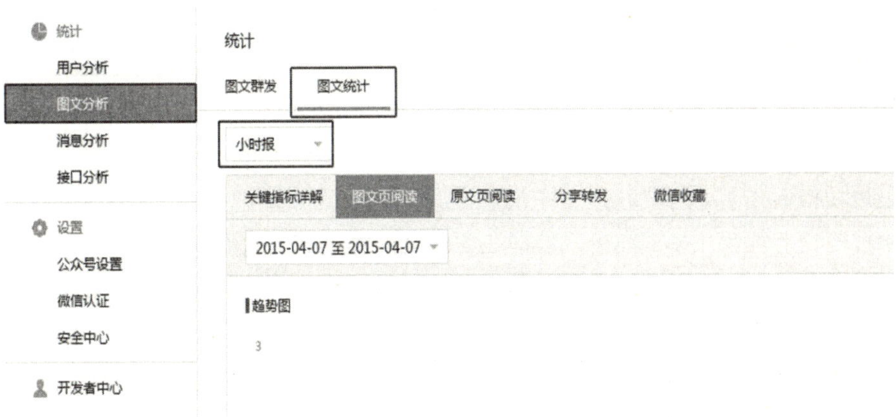

例如，这家公司的图文阅读情况，总体来说阅读高峰期集中在晚上 9 点之后，总阅读人数有 15000 人左右，其中 21：00—22：00 阅读的人数占比为 16.2%，而在 22：00—23：00 阅读的人数占比则为 11.5%。

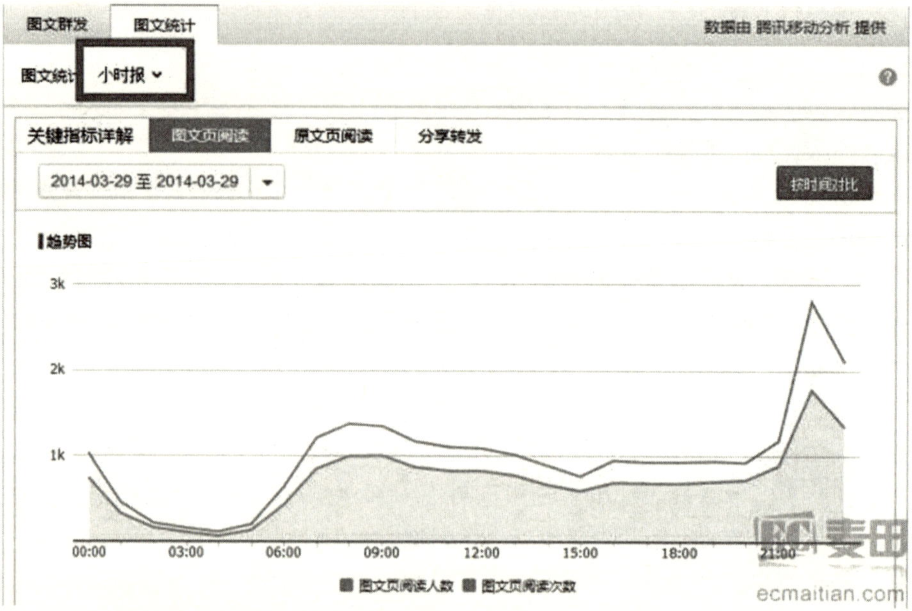

根据上述数据资料分析来看，21：00—22：00 是一个阅读高峰期，商家可以选择在这个时间段发布信息，相信会收到不错的效果。

发布时间段	当天阅读人数	发布时间段阅读人数	占比
22：00—23：00	15357	1769	11.5%
21：00—22：00	9751	1580	16.2%
20：00—21：00	×××	×××	×××

注：图片来源于麦田网站（http：//www.ecmaitian.com）。

除了根据图文分析数据来掌握发布时间，商家也可通过自身所在行业的营业时间和举办活动的时间来发布消息。具体而言，如果你是一家酒吧的老板，通常在晚上营业，那么你可以选择在营业之前发布与当天营业有关的信息，也可以发布酒吧促销活动的消息以及促销的时间段等。而且你要尽可能选在傍晚 17：00—18：00 这个时间段发送。为什么？因为这个时间段是上下班高峰期，客户有时间看手机刷朋友圈，从而看到你发布的信息。

2.4 权衡发布信息数量

假如你不是一个微商，而纯粹是一个微信用户，你肯定不想看到你的朋友圈每天都充斥着大量的广告，这样会令朋友圈变得越来越乏味。相反地，如果你每天都控制得当地发几条精心挑选过的朋友圈信息，你的客户自然会觉得你发送的内容有价值。

这就涉及一天应该发送多少条信息的问题。许多商家认为消息发送越多越频繁越好，其实这是不对的，掌握有效发布信息的数量才是最重要的。

首先，每天发布信息的数量不要超过 10 条，每次发送信息的数量不要超过 3 条。在这些信息当中，最好有 1 ~ 3 条是经过自己精心撰写的，另外的信息你可以选择转发一些好的公众号文章，这些文章可以跟你所处的行业、所经营的品牌有关。当然，这些带链接的文章也不宜多发，5 条之内是最好的。要知道，宁缺毋滥永远是最好的法则，这样才会让你的客户觉得你当天所发送的信息是你自己用心编撰过的，是有价值的。

其次，你可以在转发链接的文章里加上自己的评论，以及个人见解和感想，在不同的高峰期转发，让你的客户看见，这样既能增加你的曝光率，也能让客户感觉你很有内涵，很有上进心，进而认为你是一个可以交朋友的人，这在无形中提升了你的个人形象。

所以，朋友圈营销不仅仅是发布信息那么简单，发送多少条信息、发送什么内容都会对实际的营销效果产生影响。你要在每天有限的信息发布数量中塑造好自己的形象，长此以往不用你主动说明，朋友圈的客户就知道你是一个怎样的人，你是否值得信赖，如此你的产品自然就不怕无人问津了。

云南丽江有一家专营西藏饰品的小店，每天发送信息的数量都不超过 10 条，而且凡是店主“惠子”（化名）自己撰写的信息都会精心编写，使得客户对她的产品充满好奇。除此之外，她也喜欢发一些有趣的资讯来激起客户的购买欲望。但她并不会天天刷屏，只是在你看得到的时候有节制地发 1 ~ 2 条以达到曝光产品的效果。这种营销手法很讲究技巧。

2.5 找准营销的发布内容

在确定好产品的发布时间、每天发布信息的数量后，接下来要决定的就是发送什么样的内容了。一般来讲，朋友圈发布的内容应该与客户主体和自己的主营产品有关。这又涉及客户主体确定的问题。这里不讲高深的理论，随便举几个例子大家就能明白。

假如你在朋友圈里销售护肤品，那么你的客户主体自然是20~30岁的年轻姑娘，因此你发布的朋友圈内容也应该重点针对这个客户群。假如你在朋友圈里做客栈，那么你可以根据客栈的品牌定位来确定你的目标客户群，从而编写每天在朋友圈发送的内容以吸引客户。

此外，朋友圈发布的内容要和自己主营的产品有关，这样你的营销才有重点，也能够让你的客户看到你的朋友圈后一目了然，知道你是主打哪些产品的。

我们还以护肤品的朋友圈营销作为例子。做护肤品营销，最重视的是季节的变换和目标客户的主要需求。每当换季的时候，你可以在朋友圈里发送换季产品信息，在介绍产品特征和用法的时候，也可以发一些换季护肤小常识，而不用一味地发自家产品的广告。

除了根据季节变化来发送产品内容，还可根据主体客户的需求来发送。如果你的目标客户群是20~30岁的年轻人，那么他们的需求不外乎是物美价廉、无刺激性、有效果、值得信赖等。现在市面上的护肤品很多含有对身体有害的激素，如果你主打的是纯天然、无刺激、无伤害的产品，那么你的客户自然就会冲着你的产品来。

其实，说了这么多，要想让别人购买你的产品，你就必须把自己塑造成一个积极向上的人。没有人愿意和一个充满低级兴趣、整天怨天尤人，或者消沉、被动的人相处，更别提购买他的产品。所以，学习如何去发布你的产品内容固然很重要，但学习如何将自己塑造成一个积极向上、阳光明媚的人同样十分重要。

那么，如何向客户展示你的个人魅力呢？答案是通过发布朋友圈内容。你可以每天撰写一些与自己生活有关的内容，比如自己今天遇到什么有趣的事情，有什么生活感悟，也可以拍点或可爱或帅气或搞怪的自拍照上去，让大家关注自己，成为客户的焦点。

当然，你也可以通过某些小技巧来吸引客户的注意。大部分人发产品信息时语气总是十分僵硬，或者说得十分直接，这种营销手段让人看了不舒服，甚至有些厌恶。为什么不能换一种婉转的说法呢？你可以润色一下你的内容，比如利用客户的弱点，或者根据一些有趣的小对话来植入广告等，都是有效的方法。要做到尽量不让你的客户讨厌你的广告，这样你不仅不会被拉黑，还能获得大量支持者。

除了自己编写内容外，转发别的公众号平台文章也应该在你的营销内容范围内。

记住，微信营销就是个人信任度营销，只有获得客户信任，才能把产品卖出去。所以，有事没事关注并转发一些时政热点、生活励志、诗禅佛学等公众号的内容对提升你的个人形象非常有用。当然，关注与本行业有关的公众号也是必不可少的。看完这些文章后，选择性地发送几条，并且在发送的时候附上自己的见解和看法。需要注意的是，和自己撰写的内容一样，不要频繁发送，不要时不时就刷屏，这样会令人觉得你太厌烦，适可而止是最好的。

2.6 有选择地添加好友

自从 2014 年朋友圈营销热起来之后，各种微信增粉招数层出不穷，大部分商家都希望通过涨粉来实现营收，从而一夜暴富。但这种事情很多时候只是想想而已，实际情况并不乐观。自从腾讯出台微信好友不得超过 5000 个的限定之后，就意味着朋友圈营销受到人数的限制，像微博那样成为几十万粉的大 V 似乎并不可能。

事实上，并无证据证明，粉丝越多你的营收就越多，有时候加 10000 个粉丝反倒不如加 100 个，然后从中寻找潜在客户群，这样比你绞尽脑汁加 10000 个粉丝还要想着怎样去维护来得省力，也更加有效。许多时候，客户的质量比数量重要，与其盲目加粉，倒不如有选择性地添加好友，然后从中找准自己的客户群，这样更有助于你培养自己的客户群。在这种情况下，主动出击去寻找潜在客户是最好不过的选择。

那么，怎样寻找潜在客户呢？首先，你要学会近水楼台先得月，主动添加 QQ 和手机通讯录上的好友，不管是你熟悉的、不熟悉的，只要有印象的都能加上。记住，加别人为好友后不要一句话都不说就过去了，起码要和对方说上一两句话，让对方对你有印象，不然最后被人删除了好友还不知道。

其次，通过 QQ 群来寻找潜在客户也是一种十分有效的方法。腾讯 QQ 群都是根据特定的群体来划分的，各行业的人群都聚集在 QQ 群里，你可以进入这些群里主动将他们加为微信好友。当然，你也可以通过 QQ 里的“查找”功能来查找与自己产品相关的客户。

除了主动加好友外，别人也会找上门来加你。在这种情况下，你需要设置好验证信息，不要为了一时的涨粉而忘记筛选。要知道，如果你不通过验证信息加了一个人，而那个人不主动和你聊天的话，那么你在你的好友列表里是看不见他的，他也看不到你的朋友圈，更不用说发信息给他，这样导致的后果就是他最终把你从好友中删除。对此，只要在“微信”—“设置”—“隐私”里设置一下微信验证，就能为你避免这个烦恼。

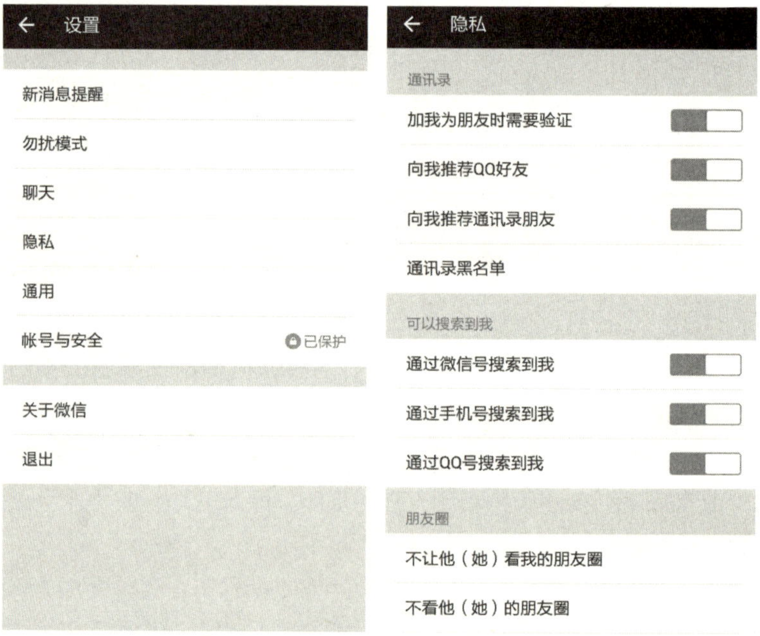

其实，微信还有个功能可以把别人加为好友，即“通过附近的人加好友”。在利用这个功能的时候，你可以到一些比较高端、人流量比较密集的地方，去寻找你的目标客户。

以上都是简单有效的方法，比你盲目添加成千好友或者用某些增粉软件来得有效。

2.7 利用微信备注功能对用户进行分组管理

当你的好友数量增加到一定规模后，你必须对你的好友进行备注，如果任由好友持续增加下去，而你和他们大部分人又不太熟的话，很容易让你遇到诸多尴尬。你不一定要在脑海里时刻记住对方的真实名字，但起码要给他们做适当有效的备注，比如备注上他的职业、他的兴趣爱好或者别的特点，便于你记住他，也便于你对他进行分组管理。

现在，让我们打开微信通讯录，随便找一个没有备注信息的好友，然后点击头像进入他的详细资料为他备注新的信息吧。

备注信息时，最好采用“行业 + 姓名”的格式，例如“编辑 · 陈凯”。如果你实在想不起对方的行业的话，也可以根据他给你留下印象最深刻的地方来写备注名。举个例子，假如陈凯是你的重要客户，你想第一时间找到他，那么可以将他的备注名添加为“A · 重要 · 陈凯”。添加 A 以后，他就能排在你的通讯录最前面，你就能毫不费力地找到他，这样你既能知道你的客户是谁，也能知道你这个客户对你的重要性。

不要小看备注名的重要性，它能够为你细分客户群提供帮助，也可以在你需要帮助的时候向他们寻求帮助。我们以 360 联盟总监郭吉军的事迹为例。据说，他的微信里有几万个朋友，对于女性朋友，他都一一备注了她们所属的地区、真实姓名、身高等个人信息。每当他到一个要举办活动的地区或者城市，随手就能呼唤几个美眉出来帮助他，而且叫出来的美眉都是符合活动审美标准的，丝毫没有偏差。他虽然不是在朋友圈里搞销售的，可是在某种程度上，他比在朋友圈里搞销售的人更懂得如何利用微信的优势去给自己造势。

很多时候，成功不是等来的，而是靠自己的行动赢来的，所以平时多留点心，你的目标客户群就出来了。

2.8 做好信任营销和情感营销

前面我们曾讲过，微信营销的本质就是信任营销。在现有客户的基础上，通过信息、产品的互动让他们更了解你，更信任你。

新徽商联盟品牌公关顾问宗宁曾经爆料：在微信朋友圈，有一个售卖佛牌的小姑娘，三四个人合作的月销售额达到几百万元。这句话一出口，行内的人都惊呆了。

类似的事例在微信营销上不计其数，虽然此前腾讯因为美丽说、蘑菇街等公众账号在微信疯狂刷屏营销被整顿，并于 2013 年 6 月表态称微信不是营销工具，由此导致许多营销机构和网站都对微信营销谨慎再谨慎，而其他嗅觉敏感的用户早已意识到利用朋友圈可以进行小范围内的生意，仅仅在朋友圈进行销售就可以给他们带来不菲的收益。

上面提到的那个卖佛牌的小姑娘卢柒柒已经在微信里全职做起佛牌生意，而且在泰国也置办了自己的房子。下面我们来看看卢柒柒是怎样利用微信进行信任营销的。

卢柒柒平时除了在朋友圈发送产品之外，也会介绍一些佛牌的知识，她擅长推送有创意的内容，这些经过精心策划的内容不一定每天都发送，但必须吸引人眼球。高质量的内容能够提升你的形象，向用户展现不一样的你，也可以让用户对你产生好感和信赖。如果用户喜欢你推送的内容，还会帮你转发宣传，这样你等于为自己的产品做了一次免费广告。

除此之外，卢柒柒总会守在微信上，及时回复顾客的信息。建立信任需要一个过程，必须从细节做起，当用户给你发来第一条询问信息的时候，你要第一时间做出解答，并且热情耐心地和他们互动。只有这样，才能让他们对你产生信任感。

所以，细节很重要，无论咨询购买、友善处理投诉还是平时的小问候，顾客都能在无形中感受到你的用心，信任感也正是在这些细节中慢慢建立起来的。卢柒柒平时也喜欢在朋友圈里分享自己的日常生活，而不是一味地发送产品图片等营销信息。

在微信运营中，商业气息不宜过浓，太刻板的话会令顾客反感，多和顾客进行一些有趣的互动，可以促进和顾客的感情。而且无论是线上还是线下，所有活动都应该让顾客参与进来，这样才能保持长久的联系。

微信营销的成功并非一朝一夕的事情，卢柒柒此前也在淘宝上开网店，后来才逐步转移到运营微信平台，换句话说，信任营销需要持续去维护，持之以恒地运营以及细心策划，如此才能与顾客建立起稳固的信任关系。

微信营销的另一个重要手段是情感营销。人与人交往，肯定会在一定程度上产生情感联系，比如同学关系、情侣关系、亲人关系等。在微信营销过程中，你应该重视现有客户，而不是盲目增加新的客户，这一点和信任营销是互通的。

所谓情感营销，简单来说，就是通过人与人之间情感联系，拉近与客户间的关系，最终实现销售的目的。那么，怎样做才能增进你和客户间的情感呢？

以卢柒柒为例，她很重视朋友圈里个人魅力的传播，经常在上面发送自己日常生活中的一些感悟、趣事，这个过程就是在塑造自己的魅力，对打造个人品牌很有效果。

客户为什么选择你的商品呢？不外乎五点原因：品牌、促销、明星效应、个人品牌、产品的稀缺性。这其中，个人品牌的重要性不容忽视。情感营销就是通过在客户面前塑造一个正面亲和的形象，提升个人魅力，从而拉近你与客户的关系，促使他们购买你的产品。

通过微信聊天进行情感营销，无疑是一种可取的方法。你可以先翻看客户的朋友圈，初步了解客户是什么人，如果你的客户对你屏蔽了朋友圈，你可以把客户的个性签名、头像、昵称等作为切入点，和他们产生互动。

在聊天过程中，言语上的问候和亲昵是你营销成功的关键因素，只有和客户的距离拉近了，才能逐步深入聊天的主题，这样你的客户才会对你产生感情。

记住，情感营销是培养客户的经济基础。以小米手机为例，通过定期举办与客户互动的活动，比如米粉节、城市粉丝活动等，建立起与客户的关系，再通过这些忠实粉丝去进一步宣传小米手机，最终成就了今天的小米帝国。

2.9 善用微信群发助手

首先，你必须知道“微信群发助手”功能在哪里，这样你才能有效地使用它。点击进入微信首页，在首页右下方找到工具栏的【我】，点击进入，然后依次点击【设置】→点击【通用】→点击【功能】→选择【群发助手】，最后点击【开始群发】，选择你要群发的人，这样就可以了。

这个功能是微信的基础功能，看起来像以前“飞信”手机软件的群发功能，用好这个功能对你巩固自己的朋友圈有莫大的好处。

千万不要误解，笔者并非鼓励你用群发助手去无休止地发送产品介绍、产品功能等营销广告，微信营销讲究的是一种人文营销、信任营销，你在朋友圈发了广告，总不至于在私聊的时候还刷屏发广告吧？这样你肯定会被客户拉黑，苦心经营的客户群也会逐渐瓦解。

相对而言，群发助手更适合发一些节日祝福或比较软性的广告。例如，你可以在节日当天向你的客户发送节日祝福，如果你在节日当天有促销或者免费赠送、抽奖等活动，你也可以适当提示一下，而不是抛出一个产品促销活动，以制造“爆点”噱头，这种方式并不适合朋友圈营销。

另外，分组备注中的个人信息可能在这个时候帮上你的大忙。如果你有100个客户，其中10个的生日是同一个月，那么你可以选择在月初向这10个同月份生日的客户送上精心撰写的生日祝福。当客户收到你的祝福时，不仅会感到温暖，还会对你产生信任，这样你使用群发助手的目的也就达到了。

总的来说，朋友圈营销就是利用微信的各项基础功能，将不可能化为可能，将粗犷化为细节，将陌生化为熟悉，不要仅仅将朋友圈当作一块商业用地，而要倾注自己的情感、理念、氛围等去影响客户，从而使客户相信自己，对你产生信任，这才是成功的朋友圈营销。

【案例解析 1】

“朋友圈”里卖黄桃

作为一家销售企业，大概最令上海太平洋禽蛋专业合作社值得高兴的是，自己的农产品还有一段时间上市，微信里的客户便发信息前来询问今年能否订购到两箱黄桃。

是的，他们卖的正是黄桃。盛夏换季卖黄桃，可能是别的小农企业早就在做的事情，可这却是合作社在黄桃种植生长 3 年之后首次实现大丰收的日子。300 多亩的桃园，有 7 成的土地是种植黄桃的，一旦到了黄桃上市的日子，黄桃的销售就成了亟待解决的事情。

产品销售渠道是每一家涉农企业必须要面临的问题。以前合作社的农产品都是通过订单的形式进行销售，虽说销量还不错，但随着近两年销售渠道的激增，这条订单之路似乎陷入了死胡同，如果再靠这种方法去运营，恐怕效果更不好。幸亏这个时候微信出现了。

新兴的 O2O 方式，给合作社带来了活力。合作社负责人金丽君在接受媒体采访时，一脸欣慰地说今年有客户通过微信咨询能不能订购两箱黄桃。根据现有数据，合作社订阅号里的粉丝还不是很多，但通过订阅号与粉丝用户互动，每个月也能为他们带来上百个订单。

这仅仅是个开始。不可否认的是，他们正在逐步走出营销困境，作为当地的农企巨头，拥有上百家养鸡户和 300 多亩桃园，凭借如今最流行的微信营销，正逐渐尝试新的开发之路，相信微信营销将会给他们带来与众不同的效果。

以下是微信营销给这家企业带来的新变化：

一、微信号与订阅号创新风

建立自己的微信号与订阅号，这是微信营销的第一步，也是重要一步。有了订阅号，你就可以在上面及时发布多种资讯，根据不同季节、农产品的不同成熟期，发布企业农产品的生长状况、功能功效等信息，从而吸引消费者购买。微信号与订阅号联合起来，微信号可转发订阅号里的文章，继而进行农产品活动促销，吸引消费者注意，这样一传十、十传百，亲朋好友全知道，还让百里以外的陌生人有所闻，以达到营销的最终目的。

这是最常见的微信营销手段。合作社就利用这种方式使自己的销售渠道畅通起来。

二、接轨电商平台，构建自身电商平台，实现区域实时配送

在互联网发达的今天，仅靠自身发展而不去及时了解外面的资讯，很容易被互联网边缘化。加入电商联盟，不仅能获得电商发展的第一手资讯，还能通过电商联盟来扩大自己的影响力。除了上海太平洋合作社构建自己的电商平台之外，上海浦东当地的浦东蓝莓园也加盟了“美味七七”这个第三方平台，同时还主动与“21CAKE”等电商品牌提出合作，为其配送优质新鲜的蓝莓材料，已经收到不错的成效。

农产品物流区域实时配送是销售能否完成的重要环节。如果你加入当地的物流联盟，通过同城配送，你的客户在当天就能收到鲜嫩的新产品，这无疑为你的企业建立了口碑。

上海太平洋禽蛋专业合作社已经做到这一步，他们通过支付宝付款，结合同城配送，使得负责人金丽君两年前建立起来的淘宝网购平台以及其他平台的商铺联动起来。可以说，微信成为它们联动的桥梁。

消费者对食品安全非常重视，看得见、摸得到、近距离观察对他们来说非常重要，而合作社通过实现区域实时配送，使得顾客对他们产生了信赖感。

三、打好信任营销和情感营销这张牌

微信营销就是信任营销和情感营销的结合体。只有你的朋友信任你，对你产生感情，你的营销才能继续下去，否则将功亏一篑。

几年前，由于禽流感的原因，导致合作社的禽畜产品销量不佳，可两年后黄桃成熟时，合作社依然屹立于当地农企巨头之列。好的企业、好的产品总是经得起时间推敲，虽然当时禽流感来得凶猛，但合作社凭借产品品质，以及品牌理念、品牌信誉度在消费者当中建立起来的口碑，在今天的微信营销上发挥了巨大威力。

同时，通过在订阅号后台、微信朋友圈平台中不断实现与消费者的互动，使得消费者对这家企业和品牌产生更深刻的认识，一旦他们对这个品牌有了更深的认同感之后，他们以后就会从企业购买常用的农产品，而不是去别的不熟悉的地方购买。

朋友圈里卖黄桃，其实就是微信核心功能的再整合，灵活运用，这种做法往往能起到令人难以想象的效果。

【案例解析 2】

绿源电动车“好车”营销理念完爆微信朋友圈

一个分享链接，11 天，2024287 的参与量和 14781765 的浏览量，这意味着什么？意味着绿源电动车推广宣传的“好车”理念已经完爆朋友圈！

众所周知，消费者心理总是难以捉摸、难以满足，企业的营销活动很难做到让大众一致好评，而满足消费者心理更是考验，但绿源电动车在朋友圈举办的“好车”抢购活动却获得了空前的成功。这一点，从上面给出的两个数字就能窥见一斑。

绿源电动车的营销成功源于其订阅号平台里一个名为“享好车不如抢好车”的微信小游戏，这个小游戏设置简单，玩起来快捷，而且绿源电动车的奖品设置十分丰富，他们不玩虚的，点击进页面去看的微信用户一看里面的奖品，都会主动去玩，这样自然提高了参与率和转化率，以至到了朋友圈皆知的地步。

可以说，绿源电动车这场微信营销实现了“鱼与熊掌兼得”的效果。那么，绿源为什么能获得成功呢？答案在于，他们从一开始就确定了营销的主题，并为这个主题的推广策划了一系列在朋友圈里可行的活动，促进了营销的进行。

一、确立“好车”为营销主题，打出朋友圈营销爆点噱头

“好车”一词常常被人挂在嘴边，可“好车”的标准是什么？似乎很难确定。绿源就是针对消费者心中的这一疑问，开发了一个小游戏——“享好车不如抢好车”来激发消费者的好奇心，从而在玩游戏的过程中解释了一辆好车的标准，可谓一箭双雕。

做营销要有噱头。这是朋友圈营销的特点之一，也是最能吸引消费者去关注、去了解的手段之一。有了消费者关注，你的营销也就成功了一半。

什么是好车？绿源给出了定义，出行时安全稳定肯定是基本要求，而一辆好车的背后则需要严格的制造标准、雄厚的研发实力、多重的检验标准、一流的服务体系，包括售后服务等。绿源有自己一整套的产品理念，这也是其取得成功的重要因素之一。

二、绿源品质好，信任营销大行其道

绿源就是制造好车的，虽然市面上电动车品牌不计其数，但质量参差不齐，安全问题得不到保障。绿源造车 17 年，对于一家企业来说，17 年可能不算什么，但在电动车行业，“绿源”二字却代表着品质优良，代表着可信赖，值得消费者去追捧。

所以，绿源的微信小游戏能够迅速红起来并不是偶然，因为它有扎实的技术和历史传承作基础，每辆电动车都经过层层严格筛选，达到国家检测标准甚至高于国家检测标准，这是给消费者带来信心的重要原因之一。

三、新产品首发再造营销噱头，朋友圈营销手段公平公正

绿源推出这个营销活动并不是偶然，在抢好车的活动中顺便宣传自己的新车产品，以达到营销噱头爆点的效果。

在这次活动中，绿源共推出两款新产品：一款是 color 苹果，另一款是小米欧，两款都是自主研发的新车。在微信小游戏里，两款车的每一项核心技术都被拆分开来做展示，在提升影响力的同时，也掀起了抢购狂潮。而且，绿源的奖品是真实存在的，玩游戏的目的并不是为了分数的高低，想要得到奖品靠的是人品。绿源通过抽奖平台来决出赢家，真正做到公平公正。这种模式更是让它的小游戏在朋友圈里“横行霸道”。

因此，绿源的成功并不偶然，它不但拥有良好的技术传承，同时充分利用朋友圈的营销噱头制造爆点，最终将“好车”这个理念广泛地宣传出去。

【案例解析 3】

大学生创业受追捧，微信朋友圈里卖月饼

这年头大学生创业不易，能受到追捧的情况更是少之又少，而在青岛中国海洋大学崂山校区，孙光顺的朋友圈营销正如火如荼地进行着。他在卖什么？卖月饼！

月饼是传统食品，即使临近中秋佳节，市面上也不乏各式各样或新奇或传统的月饼，为何孙光顺的月饼能卖得如此火爆呢？

孙光顺的创业事迹在山东广播电视台生活频道《生活帮》节目中报道过，他的店面开在中国海洋大学崂山校区附近，这里的客源以学生居多，时值中秋佳节，同学们也想给自己的亲朋好友买点月饼过节，至于这么多月饼店为何单挑孙光顺一家，原因就是微信朋友圈，在接受采访时，孙光顺回答了自己为何会想到用朋友圈来推广月饼店。

“因为上大学的时候，自己玩微信感觉很好，我当时就觉得可以利用这东西来推广自己的商品。”他如实答道。而事实上，微信朋友圈也确实帮助他迈出事业的第一步。

很多中国海洋大学的学生就是通过添加孙光顺的微信，从而知道他店里有买月饼送月饼的优惠活动。与其他微信不同，孙光顺的朋友圈不仅仅为卖月饼而卖月饼，他会在上面推送许多生活、学习、健康等方面的信息，目的是让别人不仅了解他的产品，还了解他这个人。这就是我们讲到的信任营销和情感营销。

下面我们对孙光顺的朋友圈创业做更加全面的分析：

一、不局限于产品信息发送，让“朋友”更全面地了解自己

孙光顺在推广自己的月饼时，并不局限于发相关的月饼信息，还会定时推送一些生活资讯、个人的生活感悟等，让别人更了解自己。

其实，让别人了解自己的过程，也在无形中塑造了自己的形象。孙光顺无疑想把自己塑造成一个积极向上、善于学习、善于分享的大学生创业者，这样的形象很对现在大学生的口味，而社会也不会拒绝如此正面健康的人，所以他取得了客户的初步信任。

现在，他的微信火了，许多人认为能发这么多有趣和有用资讯的人一定不会太差，都慕名而去买他亲手做的月饼。孙光顺在接受采访时说，现在的销量比以前增加了近两倍。这说明他的微信营销是很有成效的。

二、将数据流量转化为客流量，教人做月饼毫不含糊

微信圈的商业模式就是将朋友圈里的流量变成真正的客流量，这样才能实现收入的增长。孙光顺无疑做到了这一点，面对众多竞争者，能把销量增加两倍是很不容易的事情。

他在朋友圈发月饼信息时，会将自己做月饼的过程拍照，然后放上去，让更多人了解月饼的做法，而私底下也有许多人问他月饼是怎样做出来的，他都来者不拒，一一讲解。得到秘方的客户会将这段经历发到朋友圈上，这样无疑为孙光顺做了一次免费的广告宣传。

别小看这一小小的举动，朋友圈里处处是商机，处处是宣传，只要运用得当，你就能把握住机会，迎头赶上。

三、坚持自己的特色，朋友圈里互动为王

孙光顺在自己的微信里推出的第一款主打产品是他家的豆沙月饼。这款月饼便宜实惠，口味又相当好。但孙光顺坦言，这款月饼里豆沙馅的制作难度极高，他都是建议自己的客户买现成的豆沙馅回去，再用模板等制作。

这种模式已经具备 DIY 的雏形。孙光顺在朋友圈是个和客户互动特别多的人，所以才会有这么多人询问他豆沙月饼的制作方法。一旦线上互动多了，线下互动也能搞起来，销量自然也就上去了。

月饼并不是很有特色的东西，可通过朋友圈做出这样有特色的营销，也是值得借鉴的。

【案例解析 4】

微信朋友圈卖面膜，“杀熟”也很讲技巧

如今在朋友圈卖面膜的人太多，而且产品质量良莠不齐，价格有高有低，难辨真伪，很多通过欺骗朋友去实现业绩的做法，使得许多人对朋友圈里的面膜广告恨之又恨，觉得朋友圈里的广告都是在透支友情。

在这种大背景下做面膜营销活动，其下场很可能是被对方拉黑。因此，在朋友圈里卖面膜，“杀熟”也是很讲究技巧的，而不单纯是刷屏。掌握这些技巧，能让你月入上万。

一、让营销回归简单和本源

在朋友圈卖面膜，“杀熟”遭人嫌的商家很可能是把营销看得太死板，或者是他们根本不懂营销的核心理念。

营销理念发展到今天已经日臻成熟，基本上都是利用人性的弱点，比如有些消费者喜欢免费的东西，有些消费者喜欢奢侈品，有些消费者喜欢外表华丽内里朴素的东西。一千个消费者有一千种不同的选择。但不管他们选择如何不同，最后都能归结到人性的弱点上，只要利用好这些弱点，就能制造营销噱头。聪明的商家可能会发现，营销之中变的只是平台和售卖东西的地方，而营销的核心理念几乎是没有变化的。

所以，不要把微信营销看得那么复杂，适当利用人性的弱点，你就能切中要害，从而收到不错的效果。卖面膜也是这个道理，你仅仅是换了个平台，但人性的弱点没有变化。

二、让微信回归常态，让营销不露痕迹

微信就是一款社交软件，其私密性比 QQ 等更强，所以不要把微信看作一个过于商业化的平台，也不要一味透支熟人的感情。要想把营销做到不留痕迹，就要充分利用微信的社交性，大部分营销高手都是在推销自己，在推销自己的同时也把自己融入产品中。相信许多销售面膜的商家都会亲自试用自己的面膜，然后发图做宣传，进而达到推销的目的。所以，不要再发千篇一律的“真正的良心好面膜，排毒、美白、嫩肤、补水、保湿……真正的蚕丝面膜，安全无激素，不含铅汞，所以不要说它贵”这样满大街都是的推销广告。要想让朋友们对你的产品感兴趣，首先你得热爱自己的产品，这样她们才会信任你，不会把你拉黑。

三、不要觉得“杀熟”可耻，是你使她们不在别处上当

如果你的产品是真正的好产品，那就更要让大多数人知道和了解，从而根据她们的需求去购买。市面上的伪冒劣质产品太多，你的朋友可能不明就里买了，而且是高价购入，如果你的产品能够满足她们的需求，那么“杀熟”就显得很有必要。你因此变得不仅仅是在做生意，也起到了使你的朋友免于受骗的作用。

要真心实意地去和她们交流，一对一地对话，了解清楚她们真正的皮肤需求，比如冬季是需要保湿的，她的皮肤是否过敏，你的主打产品能否帮助到她们等，都要一一了解清楚。

不要觉得麻烦，交流也是一种隐性营销，这样你才能知道客户的真正需求，从而做出改善；这样你才能免于流俗，而不是像别人那样无休止地发广告，最后导致讨人厌。

做好这一点，你的朋友就会自愿购买你的产品而不再是你单方面主导，强推自己的产品，“自愿购买”和“强推”还是有很大区别的。

四、要懂得去奉献，不要让你的朋友觉得你太功利

不要觉得你做了微商之后就要对你的朋友公事公办，朋友的钱看上去好赚，但也并非那么容易，如果你拼命想着从朋友那里榨取友情的话，你的营销将很快失败。所以，要真心实意地去交流，适当地给出优惠或者是赠送，不要一上来就想着我要赚多少钱，要适当地卖卖人情，赚赚人品，这样你的朋友圈营销才能持续地经营下去。

第3章

微信群：群体效应带动营销的信任骨牌

俗话说，人以类聚，物以群分。微信商家很早就知道通过建立微信群来吸引用户。但是，面对成千上万的微信群，如何让用户主动加群并非易事。所以，建立有特色、有针对性的群组就显得非常重要。此外，建立微信群后如何维护、运营也是商家面临的一大难题。本章将指导商家如何建立有特色的微信群，如何在微信群中发布一些有价值、有吸引力的内容，以有效解决商家的难题。

3.1 如何建立有特色的微信群

说到微信群的建立，大家或多或少有一些经验，无非是在联网状态下打开微信首页，找到页面下方的【我】，点击进入。此时你会看到右上方有个【添加】按钮，再点击一下，你就能看到里面有个【建立群聊】按钮，点击进去，就会出现朋友列表，按昵称第一个字母的顺序排列，选择你要添加群聊的朋友，选择完毕后，按【确定】便可生成一个新的群。

这是建立一个群聊的必经阶段，每个微信用户都可以建立微信群，然后在里面聊天。作为微商的你，当然也可以建立群聊，把你的客户拉进去。

在建立群聊时，由于每个客户的特点不尽相同，在与他们打交道的过程中，你应该熟悉他们的兴趣喜好、消费能力、年龄阶段等，以便根据他们的特点，将他们聚在一起，建立不一样的客户群。

微信群说白了就是各种强烈标签的存在，它们具有鲜明的特色，从中你可以找到客户的各种需求，然后进一步推销你的产品。

或许你会说微信群就是 QQ 群的孪生兄弟，都是同一家公司旗下的主打产品，同为社交私密软件，但其实微信群和 QQ 群有很大的不同，QQ 群的打扰能力是很低的，是否知道对方发言全凭你是否在线，而且如果你想要打扰对方，也要私下与其沟通聊天。而在微信群里则不一样，你的手机可能随时在手，你的微信可能随时处于启动状态，只要你一发言你就能即时打扰到对方，把自己想要传递的想法和信息都传递到对方的手机上。

如果将 QQ 群比喻成一个信息的过道，你必须通过这个过道才能到达目的地，那么微信群就是目的地的存在，完全不需要经过这个冗长的过道就能抵达你想去的地方。

了解了这一点，你就能明白微信群的威力。当然，建群容易维护难，如何建立一个有特色的微信群取决于你建群后的管理能力。

首先，给你的群取一个好名字很重要。群名在一定程度上代表了一个标签，假如你是卖药材的，可以根据喜欢买桂圆的顾客取一个诸如“××堂的桂圆们”的名字，这个名字有三个好处：其一，有明确的属性，突出了你的客户群；其二，让人一眼就看出这个群里的人喜欢买桂圆、吃桂圆；其三，很有可能这个群里的客户是你店铺的忠实粉丝，因为这个群昵称取得有点儿俏皮，增加了些许联想性。

确立标签是建立一个有特色的群的第一步。作为微商，你建群时肯定不能像别人那样随便拉人，拉完之后又不懂得管理，导致许多群最后变成死群。

许多群聊都是慢慢发展起来的，里面的人或熟悉或不熟悉。本来就熟悉的群好办，只要聊一些志同道合的话题就能维护起来，但如果是一个陌生群，维护起来就有一定难度，需要靠群主强大的凝聚力和号召力，很多时候群主的发言会成为这个群能否持续的关键因素。

所以，微信群的建立与维护也是群主的营销在线课堂。把微信群运营好了，你的商机就会变得前景广阔。

确立好群标签后，在你的客户还不怎么熟悉的时候，你可以发挥领头羊的作用，每天推送一些有趣的新闻、有用的知识，并且适当点评几句，这样有利于你的群保持活跃。注意不要一味发资讯，和你的客户聊天也是至关重要的事情，不一定要时时涉及你的产品，你可以展开话题讨论。如果你建立的是一个以家庭主妇为主的群，你可以在里面教她们养生，教她们膳食。总之，投其所好总是没有错的。

记住，一个有特色的微信群，绝不是“表情帝”、“心灵鸡汤”、“聊天妹”的天下，而是围绕着你所建立标签的话题延续，是维护好你现有客户的基础平台，一个有特色的微信群，是有一定商业价值的。

3.2 每一次大活动中建立合适的微信群

许多人认为，举办活动时创建微信群不合时宜，因为他们觉得建微信群就像建 QQ 群那样，群成员只会在里面胡缠乱搞，随便刷屏，起不到关键作用。所以，他们建议不用建立微信群，因为起不到作用。

其实，每件事都是有利有弊的，只要利用好事物的长处，就能发挥出它的最大功效。举办大型活动时建立合适的微信群也是同样的道理。

微信群是一个拥有强烈标签的群体，里面都是一些志同道合或者对同一种事物有好奇心的人，把这些人拉到同一个群里，互相讨论，势必会起到头脑风暴的效果。

当然，微信群的维护要靠群主的凝聚力，可以在新人进来的时候跟他们说明群规则，有哪些事情能做，哪些事情不能做，这样就能避免灌水之类毫无意义的事情发生。

建立微信群的目的是把活动搞好，如果你举办的是线上的大型活动，仅靠建群的人去维护是不够的，还需要把一些工作人员拉进去，以便活跃氛围。例如相互监督健康生活的活动，你可以在朋友圈里广发信息让你的朋友知道，然后吸引他们入群，可以通过抢红包的小活动来吸引他们入群。入群后，群主要说明群规则，这个群是什么群，你需要做些什么，你会得到什么等。真正感兴趣的人是会留下来的，不想继续参与的人就会退群，退群也不要紧，起码你筛选出了想要的群成员，并让活动继续进行下去。

上面例子中提到的那个群是真实存在的，它是由一帮平日工作很忙但又想按时作息、定时运动的白领们建立的，里面多为女孩子。建立这个群的主要目的是大家相互监督，每天规定 7 点起床、7 点 30 分吃早餐、晚上 11 点睡觉等，每个人每天都要发图片来证明自己是做了这些事情的，如果没有及时发图片的话，就要在群里发红包奖励大家。

这个群的目的性很强，举办的活动看似零散，但群里有数十人聚集在一起，这样每天加起来活动也不算小了。而且群里的惩罚措施起到了活跃群气氛的作用，能够督促群成员完成当天的任务，一旦有人完不成，其他群成员就能得到“奖励”，从而使群里保持活动。

当然，群主和群管理员也要时刻关注群动态，主动做好群活动，这样才能使线上活动持续进行下去。即使你举办的是线下活动，也一样可以建立微信群聊。

与建立 QQ 群相比，建立微信群更具实时性，你可以邀请你的粉丝加入你的微信群，然后在里面适时发布相关的活动信息，指引他们在活动当天要做些什么、怎样做、会得到什么优惠等。别小看这些准备活动，关键时刻能帮上大忙。

同时，建立微信群也是为了解答活动参与者的疑惑。微信的实时性很强，如果参与者对活动有疑惑，可以立即在群里发送信息，及时得到解答。这也是一种很好的互动方式，可以使活动得到关注。

3.3 设立微信群服务零距离

建立微信群，使服务变得更贴近民众，这样的微信群多为社区、居委会所用，也为企业所用。下面通过两个例子来加以说明。

据《长春日报》报道，位于长春市南关区民康街道的九圣祠社区网格长李雪为了服务社区里的年轻市民，建立了一个微信群，专供他们使用。如果社区的市民有疑惑，可以登录微信群问询，从而节省了许多时间。

李雪管辖的小区比较封闭，居民多为年轻人，他们平时工作忙，不可能在工作日请假回社区咨询问题。建立这个群后，他们就可以随时在群里询问，而不需要亲自跑一趟。

李雪不仅在微信群里随时解答居民的问题，还很贴心地根据不同季节，在群里发送季节问候、节日祝福等温馨的消息，这使得越来越多的居民都加入这个微信群。

李雪设立的微信群为居民提供了零距离的贴心服务，增强了社区里居民的交流。

这是一个简单的微信群聊案例，还有一个就是街道办联合企业办设立的微信群，这个例子发生在杭州一个名为湖滨小区的地方。街道办很早之前就联合企业办建立了 QQ 群，可随着微信的普及，许多人都热衷于在微信上交流，所以街道办在微信群建立的首期就邀请当地数十家有规模的企业负责安全生产的人加入这个群。

“街道办把各级政府有关安全生产方面的政策、措施和动态信息通过微信发送给企业，企业有什么问题也可以通过微信群向街道办反映，企业之间还可以互动交流。”有关负责人介绍道。他认为，这个群发挥了很重要的作用。

加入这个微信群的人不仅有职工，还有企业管理人员、安全生产负责人，所以大家在群里可以随时沟通，遇到问题能够及时解决，享受零距离服务，不再有顾虑和界限，这样更利于企业的沟通。

这种服务式的微信群还可以运用到企业的客户服务或者售后服务中，有疑问的消费者可以加入企业所建的服务群，然后在线咨询，从而使消费者享受到更便捷、更贴心的服务。

现在，许多企业和社区都借助微信群的功能来完善自己的服务，广州石化也建立了微信群，为生产和员工沟通提供了一个很好的平台。

以上都是通过微信群实现零距离服务的例子。在微信营销中，这些手段值得借鉴，因为它能够很好地维护和留住客户。

3.4 微信群聊只发有意义的图文

在玩 QQ 群的时候，你会发现自己的群聊屏幕经常被各种稀奇古怪、搞笑可爱的表情占据，或者每当你心血来潮想要在群里聊天的时候，会发现总是同一个人在说着无关紧要的事情，全程都是由他来主导，要不就是大量的广告链接，看得你心烦。为了摆脱这种情形，你不得不选择屏蔽群聊，不再关注它们。

上述情况也很可能出现在你的微信群里，不排除有这样休闲的群，但作为微商的你，一旦建立了微信群，就要让它发挥最大的商业价值，而不是整天由别人来主导灌水刷屏，否则建立微信群就变得毫无意义。所以，你的微信群最好只发有意义的图文，避免沦为“心灵鸡汤”、“复制、粘贴、转载”的天下。

那么，微信群里应该发一些什么内容呢？答案是只发有意义的图文。

假如你是做烘焙的，开了自己的小店，建了一个顾客群，这个群的成员很可能是经常到你小店里订购蛋糕的老顾客。既然这样，你有新品推出的时候便可适当在群里做宣传，如果有免费试吃新品那就更好，会激起群里的活跃气氛，从而使得你的小店得到宣传。

小刘是开烘焙店的，起初她建群的目的是为了回馈经常到店订购的老顾客，因为正是这些顾客，小刘的烘焙店才红火了起来。他们不仅到店里订购，而且每次吃到好吃的总会发自己的朋友圈分享给别的朋友，这样一传十、十传百，小刘的生意越来越好。在这个过程中，小刘认识到老顾客对小店的重要性。所以，她想先建立一个群，把老顾客拉进群里，然后在群里向老顾客宣布，会在大年三十的时候发红包给他们，以答谢他们长久以来的支持。

小刘从一开始宣布大年三十有红包抢的活动，首先就突出了重点，而不是在里面随意发言，让顾客知道进这个群的目的是什么，这在很大程度上维护了群里的稳定性，而小刘身为群主，也起了主导作用，使得群里的顾客不会随便退群。

到了大年三十晚上，小刘兑现自己的诺言，准备了一个 2000 元的红包在群里发放，让群里的老顾客兴奋去抢。这些顾客自然很高兴，虽然钱不多，但都心满意足地表达了自己对小刘的答谢之情。

有了这次抢红包的活动，大家都开始聊家常，开始互动交流，小刘自然也参与其中，待在群里的时间长了，也在有意无意中撮合了几对情侣，这也算是意外的收获。

作为一个微信小店，不可能只售卖几款产品，所以年后小刘开始着手研究新产品，但是研发一款新产品是有风险的，你不知道顾客是否喜欢，而建立微信群之后，小刘的这些问题立刻迎刃而解。她在群里搞了一个免费试吃活动，名额有 10 个。该活动一推出就被顾客一抢而尽，最后试吃的顾客也给出了有效的反馈。经过改善后，小刘成功推出了新品。不用说，在这些老顾客的帮助之下，小刘的生意越做越大，这可能是她本来想不到的。

由此可见，建立微信群的意义在于，你可以在上面发布与自己店铺有关或者有益于顾客的图片和文字，偶尔闲聊几句当然可以，但必要时微信群还是要起到发布信息的作用。

3.5 可定期在群里发一些行业新闻

建立微信群的目的旨在宣传推广，同时也为了维护顾客关系，让他们感受到商家的重视。

除在微信群里提供零距离的贴心服务、发一些有意义的图文消息来活跃群气氛之外，定期在群里发一些行业新闻，也有利于顾客或者群里的成员知道行业内的动态。

其实，这种做法更适用于商家与商家之间。顾客群固然可以知道这些新闻信息，但除了作为店家的一种分享之外，其他的比如分析数据，然后做下一步抉择这样的步骤，客户并不能帮上大忙。所以，行业新闻可以分享在商家群里，这样更有利于商家讨论行业出现的新动态、新进展，从而激起商家之间的头脑风暴。

这也是一种行业交流。电商行业是发展最迅猛、更新最快的行业之一，能够及时看到新资讯是一大优势，使得电商能够抓住机会，逆流而上创造更多的业绩。

建立微信群就是一种分享，合作探讨才能取得更大的进步。以微信 6.1 的发布为例，如果你能够第一时间知道微信更新了什么，禁止了什么，新规定了什么，你就能及时根据这些政策改变做出适当的调整，而不是被动地等待政策规定找上自己，什么也不清楚。

分享是加入微信群的一大好处，知道行业动态后再根据自身情况作出调整，便能成为掌舵人，扩展自己的业务。

3.6 寻找共同点，融入多个微信群

作为微商，要想获得持续发展，寻找和自己有共同点或者行业内的同盟者很重要。找到与自己有相同属性的联盟者能够更好地沟通、互相宣传，从而达到提升曝光率的目的。

当然，提升曝光率只是加入同盟的一个原因，更重要的是只有找到同盟，才有机会往“微信生态圈”的方面发展。就像开烘焙店的小刘那样，通过自己的私人微信号和朋友圈，逐渐为当地大众熟悉。名气大了之后，有许多微商和服务商前来洽谈，希望她帮忙宣传推广，同时也传授一些经验。这就是同盟者，小刘可以选择加入这些群，在里面介绍自己的经验，给出自己的见解，这样别人才会接纳自己，才能在有困难的时候得到别人的帮助。

当你加入同行的微信群时，你会发现自己的选择很多，如果你身处 IT 行业，你可能发现有 IT 民工群、IT 程序猿群、IT 智能群等供你选择。这时，你可以根据自己的实际情况适当选择加入几个群，注意不要盲目加入这些群，一定要找到自己与这些群的共同点，这样才能更快地融入这些群，寻找到同盟。

那么，什么样的微信群才是好的群呢？

首先，要看这个群是否有约定俗成的群规则。一个优秀的微信群必然有一些群规则，群主会制定出所有群成员都必须遵守的规矩，灌水闲聊、狂发表情等行为都是不被允许的。具有共同点的群是具有商业价值的群，如果整天发没有意义的图文，这个群很快就会没落。

如果是两个具有竞争性的群，你可以看看这两个群谁的头脑风暴做得好，哪个群里的成员更活跃，更懂得分享。头脑风暴往往伴随着一些比较典型的案例分析，案例分析到位的群更具竞争力，也会促使更多的人分享这个群。你可以持续关注这个群，适时发表自己的见解，以便让别人更多地关注你，这样才能结成可靠的群联盟。

微信里的自媒体、公众平台非常多，单靠自己的能力宣传，尽管也有出名的可能，但要等到出头之日实在是太难。假若你加入微信群结成群联盟，那情况就不同了。群里的公众号可以适时推出一些推荐文章，这样会有更多人认识到自己的公众号、认识到自己的品牌，这也是营销宣传的一种手段。

所以，不要蜗居在一角，要随时在微信里寻找机会，抓住任何一个机会，就可能抓住无限的商机。

【案例解析 5】

"客我互动微信群"成营销沟通好帮手

微信群的建立与运营不仅是分享与维护的过程，更是一个极好的与客户即时交流和沟通，从而解决问题的过程。

福建邵武烟草分公司建立的"客我互动微信群"就起到了很好的营销沟通作用。单看微信群名就知道这主要是一个为客户建立的交流群，"客我互动"四个字，"客"在前面，代表客户，也代表邵武烟草分公司对客户的尊重和重视，"我"在后面，代表邵武烟草分公司，这在很大程度上明确了群标签是什么，也明确了群成员是由谁组成的。

"张经理，今天订货系统无法提交，出问题了。"

"收到，我马上与客服中心相关人员协调，5 分钟后通知你。"

……

自从建了"客我互动微信群"后，群信息里的互动便频繁不断。很多时候，还未到正式上班的时间，微信群里客户的询问便开始涌现，主要是一些订单问题，客户无法自行解决，只有找公司内部负责营销的人员去解决。营销人员看到相关信息便能了解大致情况，然后迅速将解决方法告知对方，从而有效地提高办事效率，给客户带来不一样的体验。

该公司建立微信群主要是为了更好地与客户传递和交流相关信息，于是借微信这个即时通信能力极强的平台，组建了一个互动交流群，其中的成员包括该公司的客户经理、零售客户、消费者，所以显得异常踊跃。

大家都想迅速解决问题，提高办事效率，所以建群仅仅一个月，群里的大小信息便满天飞。另一方面，这个群不止是为了解决问题，也是群成员交流经验、传播信息的平台。

群成员由多方人员组成，比如零售客户就经常在群里发布一些自己公司的销售经验、培育品牌的方法和教训，也发送一些产品图片来加强与群里成员的交流。分享是一个过程，不仅能够传播自己，也能在传播自己的同时与别人产生碰撞，从而取得长足的进步。

群里的消费者可以通过这些信息去了解客户商怎么样、有哪些新产品值得购买、价钱如何、自己是否能承受、客户商有哪些问题。另外，他们也可以提出自己的意见，这在一定程度上也是一种意见反馈的举措，能够促使零售商更懂得客户的消费心理。

至于群里的客户经理，则常常发送一些行业动态新闻、行业动态政策等实用的消息，也会向大家推送公司的库存情况，哪些烟草品牌有货，哪些销量较好的库存少，让大家及时备货，而不是等到要用的时候才提出申请。

通过建立微信群，客户经理还能在一段时间内了解和询问客户商的经营状态，以便及时和他们分享交流，解决他们在经营过程中遇到的各种问题。

“通过微信，感觉卷烟经营越来越现代化，一想出什么点子就通过微信传播出去，而且还能与消费者直接沟通，大大增加了消费机会，提高了盈利水平。”已加入“客我互动微信群”的客户老黄如是认为，他非常赞同建立这样的交流群。

大部分客户经理认为，微信平台的运用提高了他们的工作效率，加深了他们与客户之间的沟通和交流，说这个群是客我互动营销沟通的好帮手也不足为过。

“客我互动微信群”之所以能起到应有的促进作用，首先是因为建群的人从一开始就明确了群定位——解决客户问题，与消费者积极互动交流。这个群标签非常明确，不会使群成员感到困惑，从而在群里被动交流。

其次，这个群只发有意义的图文，不允许在里面闲聊灌水，这在一定程度上保证了微信群的稳定性，符合微信群建立的初衷。而且，在群里发送相关的行业信息与动态，有助于商家之间的互动交流，在提升市场触觉的同时，也能使各商家找到共同点，结成联盟。

【案例解析 6】

味千拉面：微信群晒美食，潜在客户数不清

味千拉面作为中国最大的快速消费连锁经营商之一，经过十几年的发展赢得了不少的顾客，他们大多喜欢日式的味道和装修，而且在价格方面，味千拉面相对比较便宜实惠，所以许多年轻人都喜欢到味千消费。

随着微信的兴起，味千为了更好地拓展自己的业务，也开始在微信平台建立微信群，以吸引顾客进群，然后宣传味千的美食。

味千的微信群属于顾客互动交流群，娱乐属性较强，所以该商家推送的信息和举办的活动都尽可能轻松愉悦，趣味性十足，以达到娱乐的功能。

前不久，味千联合传漾传媒的 MAX 智能广告平台，结合多种线上营销手段来推广自己的品牌，其中包括运用微信、微博功能，也在搜狐、新浪、腾讯等网站 BBS 里进行推广。在这么多的推广交流中，尤其以在微信里的互动最为成功，影响也最大。

味千属于快速消费行业，在微信群里“晒单”显得无比重要，微信还未诞生时，在大众点评或者 BBS 上“晒单”的顾客就已经异常踊跃。当然，不排除味千对这些晒单的顾客有奖励。微信诞生后，作为一个分享平台，更能引起顾客的分享欲望。

味千拉面正是利用顾客的这种心理，通过举办“晒单赢美食”、“晒单赢产品”等活动来鼓励顾客在微信群里互动。这些活动引来了无数潜在客户。

晒单活动看似简单、易操作，但既然要晒单，自然要先到味千拉面消费，不然哪里来的实时晒单？所以，这是从线上到线下的一种转化，有助于拉动线下消费，传播味千品牌。

除了顾客晒单外，味千还利用自己的微信群举办了多项趣味性极强的活动。要想吸引顾客的眼球，除了奖品外，还可以开发线上小游戏。味千通过举办一个名为“2014 星座运程抢先看”的游戏，极大地刺激了线下的产品消费。

该游戏其实就是一个星座运程测试，测试的结果和味千给出的水晶星座台历里的运程一致，但运程内容只显示一半，顾客需要线下消费，并结合十二星座适合的菜式才能知道余下运程。顾客可以将星座运程的测试结果转发到微信群里分享，同时也能得到味千拉面推出的星座台历套餐优惠券，幸运者还可以获得水晶星座台历。

这项活动成果显著，吸引了大量新用户前来参与。这是一个典型的 O2O

营销案例，味千拉面通过微信群晒单赢奖品这个活动激活了线下消费，同时也刺激了线上活动。这说明微信群的互动交流很有影响力，消费者的参与在一定程度上成就了 O2O，同时把“线上营销、线下消费”的模式发挥到了极致。味千拉面因此赢得众多潜在客户，巩固了自己的品牌。

微信群的作用很大程度上就是用来做 O2O 营销，微信群的功能运用得好，线上和线下的转换就很自然，给微商、给公司带来的商业价值也是无限的。

☞【案例解析 7】

神舟小信 3S：多群消息群发，玩转微信群

作为微商，如果你拥有大量的粉丝，很自然就会面临一个问题，即发群消息发到手软还不能发完。这样不仅费时也费脑。而神舟小信 3S 是一款基于微信功能模块而定制研发的手机，它解决了不少微商在群发消息时面临的这一困惑，其中“好友名片推”实现了诸多好友群发消息的功能。

这款手机在微信群发消息方面比其他手机更专业，拥有号码加友、群内加友、好友批量发、好友逐个发、群中发消息、公众号推送、定点加友、微信多开宝等八大功能，都是专门针对群发消息研发出来的，微商如果运用好这些功能，能够很好地利用微信群聊群发来促进营销，推广自己的品牌。不得不说，微商时代，这个功能的确很强大。

了解了神舟小信 3S 强大的群发功能后，知道如何使用这些功能才是最重要的。在使用小信 3S 手机时，第一次登录需要用原版自带的微信来登录一次，之后系统会自动登录，可谓方便快捷。登录微信账号后，第一步要做的是点开小信 3S 专门研发的“公众名片推”功能，然后根据你的需求去创建一个任务。你必须输入自己的公众账号 ID，同时设置好消息和消息发送的时间间距，一般是 1～30 天。选好时间间隔后，就可以对发送对象的人数进行勾选，也可以设置每次发送的数量、每天每个账号能够发送的总数量，非常智能。

设置好这些信息后，点击右上角的按钮保存。然后，点击账号添加按钮，输入你需要推送的微信个人账号和密码，最后保存。

操作看上去有点复杂，但做完这些前期工作，后面的群发消息就轻松了许多。当你再次登录微信时，小信 3S 会自动发送你提前设置好的群发信息。这期间你无须手动操作，直接看着信息自动群发出去就可以了，整个过程非常快捷智能，节省了微商的不少时间。

小信 3S 的出现给商家带来了许多营销上的便利。而且，商家还能通过微

信群发功能来进行深度的经营推广，主要是通过微信群的互动交流来留住用户。在这个过程中，还能了解用户需求，并根据这些需求来做出服务和产品的改善。

在小信3S面前，微信仿佛成了基础通讯软件，而其研发的群发消息功能更可以说是行业内的一个异数，很多厂商可能已经想到这些功能，却没能做出来，现在神舟将这些功能都做出来了，可以说是行业上的一个创新，说它颠覆了传统的微信营销手法也不为过。

商家们如果能运用好这些功能，必定能在营销上比别人领先一步。

第4章

扫一扫：二维码营销，视觉体验独占风头

二维码从最初的普通条码发展至今，已成为集文字、图片、音乐甚至品牌于一身的强大应用，商家也早就知道二维码的妙用。但是，在二维码泛滥成灾的今天，商家必须设计出独特的二维码，才能让用户心甘情愿地扫码。

有了二维码后，还要从它的内容入手，不断丰富其内涵，向客户展现一个与众不同的二维码，这样才能增加二维码的附加值。

4.1 如何设计成功的二维码

玩微信久了，你会发现设计一个二维码非常简单，只需要进入微信页面，点击右下方的【我】，再点击自己的头像，然后点击【二维码名片】就能生成个人二维码。

尽管生成二维码简单便捷，但这并不代表二维码摆在那里就有顾客主动去扫。

为什么呢？一般商家只会在包装或自己的页面上放一个二维码，而不会告诉客户，这个二维码里面是什么。作为消费者，如果没有消费的动机，自然不会去扫这个摆在商品包装或者宣传页面下方、位置不是很显眼的二维码，这是消费者的正常心理。

如果消费者扫了你的二维码却发现里面的内容不是他们期待的，他们会感到失望，也不会在你的二维码那里停留太久，这样你设计二维码的初衷就无法实现。

所以，想要设计出一个成功的二维码，必须突出以下几个重点：

首先，客户如果是主动去扫二维码，那他们肯定不是为了扫二维码而扫，而是为了体验扫二维码的过程。这个过程有点类似于互联网的统一资源定位符

（URL）。因此，商家不必拼命去想二维码里应该放些什么吸引人的内容，而应该考虑如何才能吸引顾客去扫二维码。

其次，虽说不必太在意二维码里应该放什么内容，可是当你吸引到客户扫描你的二维码页面后，你还是要向他们展示你要传递和分享的信息。所以，二维码里的内容还是要跟你所在的行业、所要推销的商品、所要宣传的内容有关。

假如你是卖水果的，就要在二维码里发布你的水果种类、价格、配送问题等信息，以吸引客户去购买，而不是放一些粉丝活动之类的内容。同样的，如果你是做客栈的，就要让顾客知道你的客栈具体在什么位置、房型、价格、客栈的配套设施等，以吸引顾客去订房，从而实现销售目的。这些内容都是有据可循的，而不仅仅是生成一个二维码。

设计好一个二维码，关键是从虚拟到现实。如果用户注重体验，商家就要想清楚：我能给用户带来什么不一样的体验？用户在扫二维码的过程中有什么不一样的感受？

设计好二维码后，你还要在某个地方注明二维码的用途，客户扫描二维码后能了解到什么信息。假如你看到一个 URL 地址，你不会不知道这个地址链接的是一篇什么文章，二维码从实质上来说也要参照这个样子去设计，不要等客户扫了二维码之后才知道里面的内容，而要从一开始就让顾客知道你里面的内容是什么。这样，你才能获得很高的二维码扫描率。

最后，最令消费者头疼的事情就是二维码扫不出来。商家似乎没想过自己先去试试二维码，而是在设计出来后立即铺天盖地地去投放，完全不管自己的二维码是否可行。

这样的做法并不能给你的营销推广带来任何的实际效果。商家这样做，除了不能吸引客户去扫描二维码之外，还可能会引发“你生成的二维码根本就扫描不了”的抱怨。这样的抱怨对营销人员来说是致命的，不仅不能给顾客良好的体验，还造成了客户的困扰。所以，在二维码生成后，要自己亲自扫一扫，体验一下二维码带给你的感受。

如果你能重视上述三个问题，相信你设计的二维码不但能引起顾客的注意，还能提高二维码的扫描率，可谓一举两得。

4.2 二维码营销产品需要私人定制

利用二维码营销已经逐渐同质化，最初的“广撒网”策略已经不适用。作为微商，你的营销产品需要一些私人定制，才能吸引消费者的注意，在降低宣传成本的同时制造出有创意的营销噱头，完爆其他微商的二维码营销产品。

我们以草莓音乐节为例。作为国内最成功的音乐盛宴，草莓音乐节除了吸引众多的音乐达人外，还邀请许多大品牌前来参加营销盛会，推广自己极具创意的营销产品。

譬如在音乐节上结合微信二维码的独特功能来为活动助兴。音乐节赞助方全季酒店结合“好声音”推出的整个音乐节最劲爆的单品“会说话的 T 恤”成为全场最大的亮点。

在 T 恤上印二维码很常见，但顾客在扫描二维码后就能实时听到四位“好声音”代言人的声音，和他们一对一交流则有别于以往的二维码应用。这件“会说话的 T 恤”相当于给了粉丝一个可以随时穿戴在身上的音乐 APP，它创新了 T 恤和二维码的常规玩法。

这是一个典型的二维码私人定制，也是华住酒店集团全面升级后联合“好声音”玩转创意营销的一次大胆的尝试。这次营销的主力是华住酒店集团旗下的中档酒店全季酒店。该酒店通过调查常住客户群来确定他们的需求。大部分住全季酒店的客户年龄为 25 ~ 40 岁，这个年龄段的人处于事业成长期，平时的生活节奏很快，经济状况比较宽裕，他们时常奔波于不同的城市，追求高品质的消费体验，寻求品牌的认同感和归属感对他们来说非常重要。

全季酒店抓住这一点，给这个年龄段的人来了一场私人定制。通过微信营销里的情感营销能够让他们建立对自己品牌的认同感，增强他们的品牌信任度。在这个过程中，也能增进双方的关系，最终实现顾客的需求。这是进行私人定制的初衷。

通过举办草莓音乐节，全季酒店达到了私人定制的目的。他们提出“会说话的 T 恤”概念，把这些二维码印在衣服上，以此来吸引顾客关注。这款 T 恤是“可穿戴的”，通过扫码你可以随时随地和自己的偶像交流。这在同质化严重的二维码营销界，是一个非常大胆的创意。粉丝在感受到与众不同的二维码世界时也会记住全季酒店这个品牌，因为正是这家酒店让他们认识到在全季可以做最真实的自己、最有个性的自己。

从全季酒店的二维码营销中可以看出，私人定制在当下非常流行，预计这种现象还会持续很久，因为如今的消费者已经不再为了虚荣心而盲目消费，他们更注重对产品的体验，这种体验集中起来就是私人定制。

传统的、千篇一律的品牌 logo 文化已经无法满足顾客的消费需求，草莓音乐节除了全季酒店的音乐 T 恤独领风骚之外，现场文身、定制鲜花、原创明信片等创意营销也引来了消费者的围观和参与。这充分说明，在微信营销时代，二维码营销的私人定制会逐渐风靡全行业，消费者的体验将会更加有深度，更加多元化。

4.3 巧妙运用二维码增加产品功能

二维码可以存放很多内容，因此，如何吸引顾客看二维码里的内容就显得尤为重要。在这个过程中，需要进行一系列吸引人眼球的操作。

在二维码营销过程中，一个设计成功的二维码至关重要。当你成功地将消费者吸引到你的二维码世界后，如何提升产品的体验感便成为你亟待解决的问题。

在海报、产品包装上印微信二维码是一件非常简单的事情，但要和消费者做到真正的互动，则要通过一个有创意的二维码来强化消费者潜在的购买动机，这样你的产品功能才得以完善，才能被体现出来。

假如你是做化妆品销售的，在成功让消费者通过微信购买你的产品后，她们还不了解产品的用法，如果是一名化妆新手，更搞不懂那些复杂化妆品的使用。此时，如果你设计一个二维码，在里面介绍如何化妆、如何使用各种化妆品，你的客户一定会对你十分满意。

美国洛杉矶的一个化妆品牌就精心设计了这样一个功能，让消费者能够通过扫码随时观看化妆技巧的各类视频，从而增加了产品的功能。

该功能一经推出后，受到很多年轻女性的欢迎，她们觉得这些视频非常实用。化妆本来是一件比较烦琐的事情，稍有不慎妆容就可能天差地别。这个时候，消费者很可能找不到人来问询，通过扫码然后观看里面的视频，能够及时找到答案，而且节省了问别人的时间，在学习的过程中，还能加深对化妆品品牌的认识，也增进了与产品之间的互动。

二维码有多种用途，如果你能够巧妙地运用二维码增加产品功能，你将会有许多意外的收获。所以，微信商家不仅要重视二维码的设计，更要重视二维码所包含的内容。

二维码真正有价值的用途是宣传自己的产品。具体而言，它有以下四大功能：

第一，吸引客户预订新品。作为微商，为了吸引客户扫描你的二维码，然后预订你的产品，肯定要有些营销噱头。低价是最常见的吸引手段之一，有谁不喜欢物美价廉的东西？所以，每当你推出一款新品后，可以适当搞一些促销活动，将二维码放在你的朋友圈里，放在你的微信公众平台里，客户看见了难免心动，这样就会通过扫描二维码来预订新品。对于销售而言，这是二维码给予微商最有价值的一个功能。

第二，可以利用二维码来捧红你店铺里的任何一件产品。打造经典款或者爆款，其实可以通过二维码的传播来实现。你可以将制作好的产品宣传文案发送到朋友圈，发送给你的好友，让他们点击查看，也可以让你的粉丝转载、传播，以达到提高曝光率的目的。当一件产品在人们眼中出现的次数多了，销量上升了，你的产品自然就成为人人想要的爆款。

第三，运用二维码对店铺进行宣传。可以把你官网的信息或者一些有意义的个人消息弄进二维码里，用宣传店铺商品的方式宣传自己的店铺，相信你会收到不错的成效。

第四，二维码本身就是一张店铺名片，所以你可以把店铺的信息、线上线下的活动、活动的详细策划，还有产品的信息、个人的介绍和经历都写进二维码里。不要小看这个小小的二维码，在某些重要的场合，你可以让对你感兴趣的人，或者潜在的合作者、同盟者扫描你的二维码名片，让他们在二维码的世界里更加了解你这个人、你的店铺、你的经历，这也是推销自己的一种手段。别忘了，微信营销其实就是个人营销、信任营销，当他们全面了解你之后，你的营销目的就能够在不知不觉中达到了。

以上四大功能只是二维码的主要用途之一，用以增加产品的功能，吸引客户来扫码，在宣传产品的同时也把自己一并宣传了。

4.4 设计创意二维码，引发好奇心

无论走在大街上还是商场里，或者打开微信朋友圈、点击一个公众号，随

便翻到哪里都能看到二维码满天飞。二维码作为一种工具已经逐渐普及，从最初的引人注目到现在消费者的耳熟能详，商家是时候想想如何才能吸引到消费者，让他们主动去扫你的二维码了。

设计创意二维码，在一定程度上能引发消费者的好奇心，从而吸引消费者主动去扫码，这样你的产品便能得到有效曝光。

美国知名内衣品牌维多利亚的秘密（Victoria’s Secret）成功地做到了这一点。该品牌的设计师不仅将二维码设计出来，还将其放在印有模特的海报上，而且还放在了那些模特的私密部位上，从而吸引消费者的注意力。

这其实是性感营销的一种应用。每个消费者都很好奇，想知道模特没了二维码之后是什么样子，于是主动拿出手机来扫码，一睹二维码背后模特的全貌。这是一种营销噱头，值得销售内衣的微商借鉴。在这里，创意二维码不仅仅是一张海报，更是一种心理学的运用，营销有时候就是这么神奇，这么灵活。

从某种意义上讲，能成功吸引到消费者在街上停留或者在页面停留的商家就是成功的商家，Victoria’s Secret 的二维码营销无疑是成功的，值得借鉴的。

现实生活中，衣服、海报上印二维码司空见惯，但在酒杯上印二维码是不是让人觉得既有独特性又有艺术气息？美国纽约的一家广告公司为了吸引顾客扫描二维码，特意推出了这样一款极具创意的酒杯来吸引消费者的注意。

消费者只要扫描酒杯里的二维码，就能看到相应的优惠信息。但是，透明的酒杯是扫不出任何内容的，只有倒上一些颜色较深的酒才能扫出二维码。这套营销方案看上去是不是很绝呢？让顾客在喝酒的同时，知道酒杯里有特惠价，其实也是一种惊喜营销手段。

上述两个例子，都是对创意二维码的运用。作为微商，在设计产品时可以将这一策略运用到营销上，相信会取得不错的效果。那么，怎样才能设计一个有创意的二维码呢？答案其实很简单，只要你了解并运用以下几个设计原则，就能让二维码更加吸引人。

第一，颜色的搭配运用很重要。平时我们看到的二维码大多数都是黑白双色的，当你给二维码涂上不同颜色的时候，色彩层次看上去就会丰富得多。人的眼睛总是对鲜艳的颜色比较敏感，这样你就可以将消费者吸引过来，进而了解你的二维码里面的内容。

第二，可以学习 Victoria’s Secret 的性感营销方法，其实就是将二维码局部遮掩起来，以增加神秘感和时尚感。当然，被二维码遮掩起来的部分一定要是产品的重要元素，或者二维码的一部分可以被产品的核心元素所遮挡，这样更有利于品牌的传播和延伸。

第三，将二维码整体放到一件物品上，也是一个极具创意的设计方法，比如你可以将二维码设计到一棵树里，也可以将二维码嫁接到一些与二维码内容有关的物件上。比如将明星头像融入二维码里，从而吸引粉丝的注意。再比如将二维码变成一扇门，变成动物等，都是极具创意的二维码设计。

除此之外，图片分享应用 Instagram 的二维码设计也十分吸引人眼球，其巧妙运用了主题造型法在二维码里重现的情景，引起客户共鸣，继而进行扫码行动。

二维码的创意设计总是让你意想不到，假如你在微信里销售电子产品，也可以将一些小游戏的 logo 嫁接在二维码上面，以增加创意性和趣味性，同时也能够吸引顾客去玩你的游戏，进而对你的产品有所了解。所以，尽可能发挥你天马行空的想象力去设计一个有创意的二维码吧，这会成为你二维码营销中的一个引人关注的爆点。

4.5 二维码影音试阅博取眼球

假如你是一个销售外语图书的微商，你必然知道外语图书的市场有多大。但是，随着电子图书时代的到来，你会发现常常捧着一本外语图书学习的人已经不太多见。他们学习外语的方法通常是戴上耳塞边听边看手机上的电子书，以方便快捷的学习方式为主。

电子影音的发达使得纸质书逐渐不流行，可如何很好地推广电子影音又不影响产品的销量是一个难题。而且市面上学习语言的书五花八门，光是挑选就令人头痛，好不容易挑出一本书来，你又想利用更便捷的方法来进行学习。在这种情况下，二维码电子阅读影音应运而生，例如《用美国人的方法疯阅读》这类图书就是二维码移动类图书，顾客可以直接扫描书里的二维码，进入页面里下载 MP3 录音，实现无缝学习。所谓无缝学习，就是无须从电脑上下载 MP3 再拷贝到手机上，而是直接在手机上下载学习资料，随时携带学习资料出门。

一般人在下载完光盘里的 MP3 后都会直接将光盘扔掉，现在厂家直接跳过光盘的制作，把资源放到二维码里，既方便了消费者，又提升了售价。

另一方面，二维码扫描学习还能够节省内存和空间，消费者只要保存一下二维码，当想听时直接扫描二维码就能学到里面的知识，而不用在海量的文件里找到一个 MP3 文件。

当然，商家同时也面临一个问题，如果你把书中的内容都放进二维码里，消费者在阅读完里面的内容后很可能不再购买你的书，但如果你不把书中的内容放进二维码里，又吸引不了消费者。为了解决这个问题，你可以将一部分的试读内容放在二维码里，以吸引消费者的注意，这样消费者在阅读过部分内容后，如果觉得感兴趣，就会主动去买你的书。

虽然书店也提供试读或试听服务，但那里的人流量太大，总会损坏一些听力资源，如果在书店贴一些二维码供读者扫描，既可以节省音效成本，同时还能增强读者的体验。这种两全其美的事情，你可以利用二维码轻松实现。

除了在影音图书上利用二维码来博取消费者的眼球，在一些节日上也可以通过二维码录制相应的祝福语音来发给你想要祝福的人。这是连接虚拟和现实的桥梁，作为微商你应该好好了解一下。日本 SEVEN - ELEVEN 便利店就为消费者提供了这样的服务。

SEVEN - ELEVEN 便利店在七夕情人节期间推出 Hallmark 影音礼物卡，每张礼物卡上都附上 300 新台币的现金储值卡，卡上有一组影音二维码，通过手机下载一个 ibon APP，你就能用这组二维码影音录制私人独有的祝福，收到这份祝福的人只要在 ibon APP 上就能听到这段语音祝福，非常方便，也非常有个性。

当然，SEVEN - ELEVEN 不止这么一组影音二维码，还赠送一张领取拿铁的分享卡。这使得收到影音的消费者能够边听边喝，皆大欢喜。

二维码影音试阅功能在一定程度上就是将虚拟世界与现实世界连接起来，以提升顾客的体验，也有利于商家制造营销噱头，博取消费者眼球。

微商世界的竞争太激烈，如果你能够运用好二维码影音功能，不仅能推广自己的品牌，让消费者记住自己的店铺，也能跟上营销潮流，制造商机。

4.6 用二维码制作优惠券

二维码在微信营销里至关重要，有许多微商将自己的店铺信息、产品特点、策划的活动等放进二维码里，也有微商将商品的优惠信息放进二维码里，以吸引消费者来扫码。

有很多商家想通过二维码优惠券来吸引顾客，却不知道二维码优惠券有什么特点，换句话说，许多商家不知道二维码优惠券具体能给自己的店铺带来什么。所以，在做二维码优惠券之前，了解二维码优惠券的特点和优势是很有必要的。

一站式服务是二维码优惠券的最大特点，它能够追踪整个移动电子营销的过程，从二维码优惠券被制造出来，到发送到网页上、印制在海报上，再到最后被扫描兑换，整个过程都能被跟踪，而且还能根据二维码被扫描的终端来分析消费者的基本情况，比如在哪里消费、消费了多少等，然后再对这些数据进行有效的管理。

作为网页上的一种宣传，二维码优惠券不用印制成优惠促销广告宣传页，从而能够节省营销成本。而且也可以解决消费者拿到优惠券随手扔掉或者想用优惠券的时候却忘带在身上的问题，可谓一举两得。而且，二维码的获得和使用简便、及时，商家可通过跟踪二维码被使用的过程，第一时间掌握市场动态，及时调整既定的营销策略，从而领先于对手。

此外，作为微商，不仅要知道有二维码优惠券，还要清楚二维码优惠券有哪些形式，这样才能针对不同的营销活动，在里面放入相应的内容以吸引消费者。

你可以把相关的活动内容以文字、声音、图片、视频等形式放入二维码中。如此丰富的形式决定了营销噱头可以有多重变化，这样你吸引消费者的手段也会越来越多。

上面我们介绍了二维码电子优惠券的特点。那么，如何制作一个优惠券二维码呢?

众所周知，二维码电子优惠券是结合手机和二维码技术研发出来的一套严密的系统流程，商家根据市场需求向顾客发送相应的二维码电子优惠券。假如你是销售衣服的微商，打算在“双十一”期间搞一个促销活动，买满 200 元全场包邮，那么你就可以制作二维码优惠券，告知消费者在购满200元之后凭此二维码来确认邮费全免。这样一来，消费者就能在网上使用这个优惠信息，而不需要持有纸质凭证，大大方便了交易。

而且，商家如果想扩大活动的影响力，还可以直接将二维码优惠券放在显眼位置，并告知活动参与者二维码的作用，让他们在朋友圈转发，这样就能吸引更多的微信用户关注。

总之，二维码优惠券的消费形式多种多样，既可以随得随扫随用，也可以通过密码保护指定具体的使用者，不但使用简单便捷，同时具有相应的保密作用，可行性很强。

想要做出一个好的二维码优惠券，除了自己钻研二维码优惠券的做法外，还可以请专业的二维码设计公司来帮忙，或者寻求网络数据库技术的支持。

由于二维码本身没有足够的空间来储存声音、图片、多媒体等大文件，所以需要一定的技术支持，例如数据库技术的支持。因为二维码的使用需要商家发码、解码、提取图片或者别的数据，最后验证身份，所以要求相关的通信技术和发送二维码通道的平台要对接好。

如果商家财力不错的话，请专业的二维码公司来设计制作是一种比较好的选择。

4.7 设计最便捷的二维码链接页面

随着二维码在生活中的广泛应用，现在二维码的生成已经非常简单，除了可以找专业的二维码公司去做适合自己的二维码之外，还可以直接在网页上搜索“二维码生成器”，把你自己的域名输入，点击生成二维码便可。当二维码生成后，你可以点击右键保存，或者直接截图保存，这些方法都是可以的。

二维码里包含的内容通常很丰富，例如优惠券、代金券、产品信息、公司企业发展概况等。一个二维码所包含的链接只有一个，怎样才能吸引顾客点击这一链接呢？界面和速度是最重要的一环。能获取信息的手段越方便、越快捷，消费者就越有兴趣扫描你的二维码。

那么，消费者在什么情况下会通过扫码进入相关链接去了解产品信息呢？答案是你页面上的产品必须有足够的吸引力，他们才有兴趣进一步去了解你产品的细节、价格、售后等方面的信息。例如，消费者在逛商场的时候，看中一款电子产品，想要了解更详细的信息，看见旁边海报上有二维码就会扫码，进入相关链接去看更具体的内容。

所以，设计一个便捷的二维码链接页面就成为你吸引客户进一步了解相关信息的手段。

假如你在你的公众号里写了一个活动文案，想邀请粉丝参加，在完成一系列图文宣传之后，你是时候把二维码亮出来了。现在的手机软件通常都有识别二维码的功能。以前消费者在手机上看见二维码通常都很难扫码，可是二维码盛行之后，许多应用都推出了扫码识别功能，只要二维码不是死码，一般都能扫出来。

如果你的手机没有二维码识别功能，可以用微信。微信有专门的二维码扫描功能，腾讯似乎很早就想到二维码时代会来临，为了方便用户，在微信首页右上角的魔术棒按钮里增添了“扫描二维码”功能，只要你点击那个按钮，对准一个二维码进行扫码，就能快速进入二维码的链接页面，不但方便了用户，同时也大大方便了服务商。

【案例解析 8】

优衣库开启微信营销，“扫一扫”赢缤纷好礼

优衣库作为国际休闲时尚品牌，每次 O2O 营销都非常吸引人眼球，效果显著。

2014 年 6 月，优衣库举行了一个主题为“感谢有你，伴你乐享生活”的活动，该活动在全国各地的优衣库门店进行。一般活动的促销手段都是让顾客享受产品优惠折扣，赠送顾客纪念品，优衣库也不例外。但是，随着网络电商营销的风行，优衣库的 O2O 营销也玩出了令其他电商包括微商在内值得借鉴的营销。

优衣库的活动主旨很明确，不仅要让顾客积极参与活动，还要将顾客引导到门店里来分享他们在优衣库里的购物体验，从而更好地将“优衣库”这个品牌推广出去。

折扣营销和纪念品赠送只是准备的过程，营销策划总有一个预热、一个开幕，以吸引消费者的注意力，从而使得商家更有信心进行下一步。

然而，怎样才能让顾客全身心投入到活动中，并从中得到极佳的体验，是摆在每个商家面前的难题，而优衣库这次的营销活动很好地展示了“如何去预热”的过程。

现如今，微信营销已经风行于整个电商界，优衣库也不例外，其所进行的营销活动最大限度地运用了当前最热门、最具有吸引力的电子工具——微博和微信。

优衣库知道，举办“感谢有你，伴你乐享生活”这样的活动，仅靠微信推广并不能达到最佳的效果，只有配合微博的推广，才能真正把消费者吸引到门店，再进行一系列的后续活动，从而达到最终目的。

活动初期，优衣库先在微博上预热。由于活动的主题是回馈 30 年来在中国消费过优衣库的顾客，所以优衣库在微博上先列出其在中国的发展历程，并结合当时发生的重大历史事件，引起关注优衣库活动的消费者的共鸣。同时，他们还创造出“感谢体”，在官方网站上推广相关视频，通过视频让消费者意识到优衣库的产品和他们的日常生活有诸多细微的联系，突出了“伴你乐享生活”的活动主题。

这个微博的预热过程极大地引发顾客内心的共鸣，他们都积极参与到优衣库 30 周年庆典活动中，以此来表达自己对该品牌的答谢。

微博预热完后，接下来就该微信登场了。在建立微信平台初期，优衣库为

了加大微信平台的曝光率，特地举办了一个“扫一扫”赢产品的活动，该活动志在吸引消费者扫码然后加入优衣库的微信平台，成为其粉丝，其奖品包括微信定制耳机、优衣库缤彩折叠购物袋等。活动的反响非常不错，于是在30周年庆典活动中，优衣库加入了“扫一扫”活动。

线上活动搞得如火如荼的同时，把线上流量引导到线下同样是一项技术活。优衣库通过与线上活动相链接，在线下门店也推出两款活动海报：一款为预热版，另一款为促销版。而且和“扫一扫”活动相同的是，每份海报上都加入二维码元素，到店的顾客看见二维码之后就会扫码，看线上活动的分享故事以及感谢祝福，还有相关活动信息，比如笔记本赠送、收银条告知的消息，还有别的活动广播，让顾客及时知道线上活动的进行动态，也让顾客产生想要参与活动的欲望，从而推动活动的进行。

毫不夸张地说，优衣库引领了 O2O 营销的新潮流，他们运用二维码的链接模式，让顾客第一时间知道二维码的内容，知道有什么产品赠送，从而积极扫码赢取优衣库的缤纷好礼。

在微信营销中，实时互动很重要。二维码在这次活动中就起到了很重要的作用，二维码本来就是连接虚拟生活与现实情景的桥梁，优衣库很好地利用了二维码的这个特点，不但推出二维码优惠信息，还让二维码充分发挥平台作用，吸引线上流量，再转化为线下流量，让参与活动的顾客成为这次活动真正的主角。

可以说，优衣库的这次二维码营销给广大电商上了一堂很生动的营销课。

【案例解析 9】

“扫一扫”赢半价门票，欢乐谷微信营销

在这个数字化、碎片化的时代，许多商家除了借助朋友圈、公众平台的宣传，也会通过应用广泛、能够及时将线上线下连接在一起的二维码进行宣传。上海欢乐谷就利用二维码来开启微信营销时代，以吸引更多的顾客。

二维码营销其实就是策划一个活动，让消费者知道该活动有什么内容，他们能从中得到什么、享受到什么，或者体验到什么。这是他们最关心的。所以，策划活动的商家必须充分考虑到这一点，让消费者感受到活动的好处，让他们全程参与活动。上海欢乐谷的二维码营销很好地做到了这一点。

随着圣诞、元旦临近，欢乐谷利用微信官方平台，开展了一个微信扫码活动。该活动最大的优惠就是通过微信扫码赢取欢乐谷半价门票。参加活动的方

法很简单，在规定的时间内在微信上搜索“上海欢乐谷”，扫一扫二维码，或者在公众号的搜索栏里直接搜索“上海欢乐谷”这个关键词，只要关注了“上海欢乐谷”，就可以马上得到欢乐谷定制电子贺卡。消费者可以在上面写下自己对新年的愿望、对亲朋好友的祝福，然后转发出去或者分享给自己的微信好友，从而有机会获得欢乐谷特别定制的三重大奖。

第一重好礼是扫码分享之后获得欢乐谷半价门票，每人限获一张。

在二维码营销中，优惠信息通常不止一种，有时候会有很多种。一般来说，这些优惠信息都是呈一种平行关系或者递进关系，以吸引消费者继续关注策划方的活动。

欢乐谷的营销也不例外，因此第二重好礼就是希望顾客在上海欢乐谷的官方微博上发出他们对圣诞节和元旦的祈愿，让官方微博上的38万粉丝都能感受到节日的气氛。

除了这两重优惠外，顾客还能得到上海欢乐谷专门定制的盖有雪花小镇图案印花的限量版贺卡，可以在圣诞节期间免费领取，写完之后，由工作人员将你的祝福及时送出。当然，这种限量版贺卡并不是每个人都能得到，所以想拥有的人必须积极参与，先到先得。

该活动策划看起来不难，但却有效利用二维码扫码来吸引消费者关注，而且从头到尾都与消费者进行线上线下的活动，有效地利用微信平台将线上流量转化为线下的参与。

二维码营销的精髓就在于此，不仅在线上吸引消费者参与活动，还在现实生活中让消费者得到优惠，通过二维码扫码也能获得各种活动资讯，极大地推动了活动的进行。在众多优惠活动中，扫码获得半价门票是最具煽动力和吸引力的，可以使参与者得到最大的优惠。

欢乐谷策划这次活动的目的，就是利用二维码的便捷性和时效性来及时追踪活动的进度，关注参与者的活跃程度，从而对活动作出相应调整，以便使活动收到最大的成效。

欢乐谷的这次二维码营销无疑是成功的，得到的关注也是空前的，这再一次证明二维码在数据化时代的魅力，微商可以通过借鉴欢乐谷的策划进行自己的二维码营销活动。

【案例解析10】

财付通携微信扫一扫，1分钱领QQ黄钻

不用说大家都知道，QQ和微信是一家的，腾讯为了推广微信支付，鼓励

用户绑定银行卡，所以特地携手财付通利用微信“扫一扫”功能，鼓励从未开通微信支付的用户参与。

这次活动有丰厚的奖品，QQ 黄钻本来拥有的 QQ 权限就比较多，包括每月游戏礼包、10W 空间装扮、查看访客记录等。初次使用微信支付的用户，只要扫一扫网页上的二维码，支付一分钱，即有机会得到 QQ 黄钻的这些权限。用户支付 1 分钱后，还能获得抽奖机会，奖品有红米手机、iPhone5 以及黄钻等，其奖品之丰厚，可以说非常诱人。

微信举办这样的活动，旨在发展支付功能，吸引消费者绑定银行卡进行消费。那么，怎样才能使消费者绑定银行卡后迅速支付呢？微信二维码起到了至关重要的作用。

二维码支付是微信 6.1 的一大特点，只需扫一扫就能快速实现网上支付，而不需跳转网页等待付款。微信的这一功能，使得二维码的作用得到了极大的发挥。

在这次活动中，微信二维码充当了以下几种角色：

其一，充当了优惠券的角色。只要扫一扫二维码再付款就有机会得到抽奖机会，这在很大程度上活跃了消费者的参与程度。

其二，设计的二维码页面吸引人眼球，视觉体验出尽风头，使消费者看见页面之后便想拿出手机来扫一扫。这是二维码营销的另一个重要特点，给消费者以抢眼的视觉体验。

微信举办这样的活动，其实不费吹灰之力便能吸引消费者注意，因为微信本来就是一个品牌，他们不用做太多的预热，只要告诉消费者他们要怎样做，他们能从中得到些什么，他们如何便捷省时地参加活动就够了。这就是大品牌的营销优势，不必担心信任问题，只要尽力利用二维码吸引消费者参加便可。

在这次营销活动中，二维码起到了最直接的作用，让消费者进入链接页面后立即知道微信的用意，勾起好奇心，想知道二维码后面的内容，从而提高了活动的参与率。

【案例解析 11】

无线畅游“扫一扫”，恭王府打造信息化智慧景区

2014 年是“智慧旅游年”，北京恭王府为了响应这一旅游主题，举办了名为“关注微博微信，享免费 WiFi，得酷炫魔卡”的活动，赢得大批游客的关注和赞赏。

在此次活动中，进园观光的游客只要找到园里主要通道处摆放的二维码扫一扫，马上就能关注恭王府的微博和微信，并享受到恭王府提供的无线畅游服务。不仅如此，恭王府还向游客发放有关信息化建设的问卷调查，以便提升游客观光时的体验，志在升级为智慧景区。

由于旅游主题比较特别，全国各地的景区都在响应号召，将传统的旅游模式和现今快速发展的创新科技结合在一起，构建智慧景区。恭王府为了响应号召，在园内各处建设 WiFi 热点，建造这些 WiFi 热点并不容易，恭王府是根据园内架构克服了种种困难，比如布线问题、园内场地的开放问题、古建筑保护等各方面的限制，然后在园内包括府邸、花园和新建起来的办公区进行了全无线的网络覆盖。有了这样的基本架构，再举行“关注微博微信，享免费 WiFi，得酷炫魔卡”的活动就显得轻而易举。

只要在园内扫一扫关注恭王府的微博和微信，就能享受免费的 WiFi 服务，而且还能得到额外的奖品，这对游客来说是非常诱人的。

恭王府举办这样的活动，不仅是为了响应号召，也是想借这次机会提升自己的景区辨识度，让游客获得全新的体验。高科技与传统无缝结合，线上线下零距离，使得这次活动得到游客的热情参与和一致好评，同时也使恭王府为建造“智慧景区”打下了基础。

恭王府的案例再一次印证了二维码在营销中的魅力。通过扫描二维码，能够很方便地获取信息，大大降低了营销难度，同时加强了与游客的互动。而景区管理方也能够从中分析移动数据，为调整下一步景区建设作出准备。

单凭扫一扫免费上 WiFi，其实并不能真正调动起游客的积极性，恭王府还借机推出“魔卡”，这个魔卡其实就是“恭王府艺术品虚拟互动卡”，这是这次推广的重头戏，是一个较为创新的能给游客带来新鲜体验的新推介，结合博物馆的历史，从全新的角度带领顾客去了解恭王府的历史，让恭王府和游客产生互动。这个魔卡既有观赏性，又能让游客真正学到知识，而且游客获得这个魔卡的方式很容易，只需在手机上下载相关的应用，并且点击安装就可以立即欣赏到恭王府提供的 3D 艺术品影像以及博物馆提供的文字说明、讲解等内容，真正让对恭王府感兴趣的游客将恭王府的魅力文化带回家，让更多人了解。

这次活动因为有了扫描二维码这个环节，开启了一个新的视觉盛宴，也让游客更迅捷地得到恭王府的一系列信息，从而进行及时的交流与互动。

第5章

摇一摇：摇出共同处，让营销在群体兴奋

商家对于“摇一摇”这个应用并不陌生，在各种大型活动中我们都能看见它的身影，原因很简单，“摇一摇”快捷简单，能够极大地调动会场氛围，所以很受商家青睐。那么，商家应该怎样利用“摇一摇”应用来调动气氛呢？精准定位、传图功能、歌曲设置等都能给商家带来一定的启示。

5.1 精准定位，头像要有契合度

在使用微信“摇一摇”交友的时候，首先要知道“摇一摇”其实是一个随机的交友应用功能。既然是随机的，别人在摇一摇的时候，摇到你出现在他的屏幕里时，你给别人的第一印象就显得至关重要。那么，第一印象通过什么来建立呢？毋庸置疑，是你的头像！

微信头像的选择和设置无论在交友还是营销时都是非常重要的一环，头像选得好，别人对你的第一印象就好，你自然就能增加很多潜在客户，这对日后的微信营销极有帮助。

那么，头像要怎样设置和选择才契合你所处的行业和你的产品呢？为了说明这一点，我们不妨先来看看头像设置有哪些必须要注意、要了解清楚的地方。

设置头像时，你可以引人注目，可以素雅淡然，但绝对不能放有禁忌元素的东西上去。什么是禁忌元素呢？例如，有关宗教或者比较敏感的文化元素。

说得再具体点，就是不能放过于敏感的佛像或者别的国家禁忌的元素。这些元素不会给你带来任何好处，只会给你增添麻烦，所以要注意。就是说，设置头像时，要了解你所处行业的禁忌，不要盲目设置头像。

了解了行业禁忌后，接下来你就可以根据头像的具体作用来设置头像了。这一点是我们要重点了解的，以便于我们的头像在摇一摇的时候有更精准的定位。

在微信营销里，你的头像往往起到个人品牌或者说公司企业品牌形象的作用。这就要求你的头像设置必须要易于传播，而要做到这一点，必须易于被你自己使用，易于被消费者识别，易于被复制和记忆。这些都是设置微信头像时必须要着重考虑的方面。

了解了这些，你就明白你的头像可以设置成品牌的 logo。举个例子，假如你是从事服装生意的，你的头像可以设置成品牌 logo，如果你的品牌名是“麻衣”，你可以直接将“麻衣”二字设置成符合你品牌特点的 logo，然后放在你的微信头像里。

假如你经营的是童装，可以通过拆分一些经典卡通形象的元素来设置你的头像。哆啦 A 梦是每个人童年的回忆，所以你可以将哆啦 A 梦的形象拆分为几种元素，别人在摇到你的时候就会产生联想，将你的头像和行业结合起来，这样摇一摇交友的成功率就会大大提升。

总而言之，易于识别是头像设置中最重要的一点。你可以用行业相关的图形来表现你的品牌，比如刚刚提到的用经典卡通形象来表现；也可以直接用文字来表现，这是最简单但最有辨识度的头像设置形式，淘宝网、京东商城就是用文字来表现行业属性的。除此之外，图文结合也是不错的选择，消费者只要看到你的头像，就会联想到你销售的是什么东西，如果他们感兴趣的话，就会摇一摇加上你的微信，这时你的头像就能真正起到重要的作用。

星巴克的 logo 就是图文结合的典型，戴尔电脑也是，这些典型的 logo 能够让你在设置头像时起到立即被辨识的作用，大大提高了摇一摇成功的概率。

但是，在设置头像时要尽量避免一些容易被人误会的联想，你的头像可以抽象，可以直接，但最好不要用那些让人产生混乱的图片，这样并不能让你在摇一摇时产生有利作用。

那么，易于被消费者复制又是什么意思呢？其实很简单，我们来看看以下 logo，哪些是你一眼看完后就能立即记住或者说画出来的呢？

很显然是一些简单的图形，这些图形能够让你在脑海中产生“哦，原来它是做这个的”的联想。只要能让消费者产生这样的想法，那么你的头像设置就成功了一半。

一个好的头像不一定很复杂，也并非越简单越好。至于哪种头像好，归根到底还要看你所处的行业、目标受众的喜好，在避开一些禁忌元素的同时，你的头像辨识度越高越好。这样，在摇一摇的时候，你的潜在客户就能知道你所处的行业、你能带给他们的体验，从而让你的头像和你的产品产生很高的契合度。

5.2 在潜在客户群的大活动中发起“摇一摇”

微信摇一摇在大活动中的应用其实也是一次 O2O 的完美应用。活动举办方在举行活动之前必定会进行一系列的策划，从而让活动更加多元化。

就以台州万人摇一摇活动为例，该活动结合订阅号、二维码的应用，从而将摇一摇功能发挥到极致。该活动由腾讯房产台州站携手台州交通广播电台、《台州晚报》、台州红星美凯龙共同策划，奖品是 10 台 iPad mini，另有 100 份精美礼物，活动规模之大令人瞩目。

参加活动的方法很简单，第一步是添加红星美凯龙的微信号，接着转发一条名为“2 天来了”的活动到朋友圈里。然后在策划方规定的时间里，客户要将自己参与活动的手机号码发到红星美凯龙的微信号里，这样才能获取参加“摇一摇”活动的相关页面。

由此可以看出，策划方的策划真是很巧妙，摇一摇在活动中不是目的，让潜在客户加上自己的微信号并传播有关的活动内容到朋友圈才是策划方的最终目的，这样你不仅吸引到客户主动关注你的微信号，还能让用户将你的活动内容广泛传播出去，提高了曝光率。

一个活动的曝光率很重要，而摇一摇的抽奖活动更是进一步推动了活动的进行。当用户获得参加活动的资格后，他们就能到达活动现场，或者通过收听台州交通广播的现场直播来参加摇一摇活动。不出意料，该活动现场十分火爆，而且也能很好地带动气氛，这正是策划方希望看见的。活动结束后，客户能在手机上看到他们摇一摇的排名和摇到的次数。获奖的客户保存信息后，可以去活动现场登记领取奖品。

这次活动流程安排得很到位，策划方从一开始就很明确自己想要什么东西，整个活动从头到尾都是连接 O2O 的纽带。摇一摇不仅能用在普通的交友上，也能用在这些大型活动中。每次这样的活动都能挖掘到潜在客户，怎样将这些潜在客户变为目标客户就非常考验策划方的技巧了，而摇一摇的出现为策划方提供了便利，使得商家能够放手去策划一些有意思的活动来吸引潜在客户参加，可谓是将微信的功能发挥到了淋漓尽致。

微信摇一摇由于其便捷性，已经成为许多大型活动抽奖环节的重头戏。试问：有谁不喜欢免费的东西？又有谁不喜欢便捷简单地得到免费的东西？所以，摇一摇越来越受到各个商家的追捧，在得到潜在客户关注的同时又能让活动举办得很顺利，何乐而不为呢？

尽管摇一摇活动只能在现场举行，这是其功能属性上的局限，但从另一个角度看，这其实更有利于商家将线上线下的活动结合在一起，极大地吸引客户的关注，从而增加了线下活动的流量。这一点对于商家来说是至关重要的。

而且，活动设置的方法很简单，都是有逻辑可循的。第一步不外乎让客户加你的微信号，再让他们传播你的活动信息，给他们参加摇一摇活动的资格，等到活动当天让他们都到活动现场来参加摇一摇，推动活动的气氛。而且，举办方还能强制要求获奖的用户必须是他们微信号的粉丝，否则获奖信息无效。这些都是将潜在客户变为目标用户的必要手段，运用得好的话会为你的微信营销增加许多有效资源。

5.3 充分利用微信摇一摇的传图功能

微信摇一摇不仅是社交的新手段、商家活跃抽奖现场气氛的必备武器，也是一种很实用的传输工具，商家只要添加相关插件就能将电脑上的图片“摇”到手机上。不过，腾讯目前只支持 Chrome、Safari、Firefox 和 Sogou 四款浏览器进行摇一摇传图。

那么，如何使用摇一摇传图功能呢？我们以 Sogou 浏览器为例来介绍。

1. 首先打开 Sogou 浏览器，进入界面，输入网址“http：//wx. qq. com/yao”，按下回车键，就会看到网页的内容。这其实是腾讯“摇一摇传图”的网页，由于是初次使用，所以网页会要求你下载“摇一摇传图”的插件，点击黑色方框里的按钮即可安装网页插件。

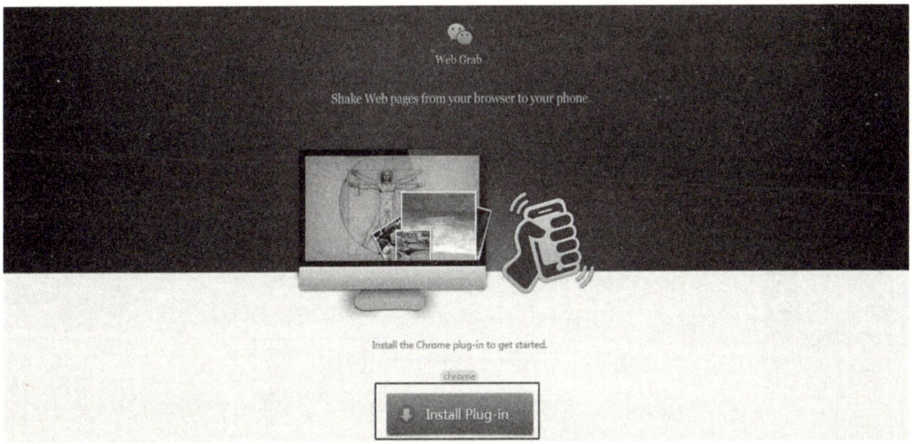

2. 插件安装好之后，点击页面右侧的【立即使用】。此时，会弹出一个对话框，询问是否使用插件，只要点击【确定】即可。

3. 在“摇一摇传图”插件完成安装后，会弹出一个提示页面让用户点击浏览器工具栏处的“摇一摇传图”图标。点击进去之后，会进到另一个页面，新页面上只有一张附有二维码的图片，此时先不要用手机扫码。

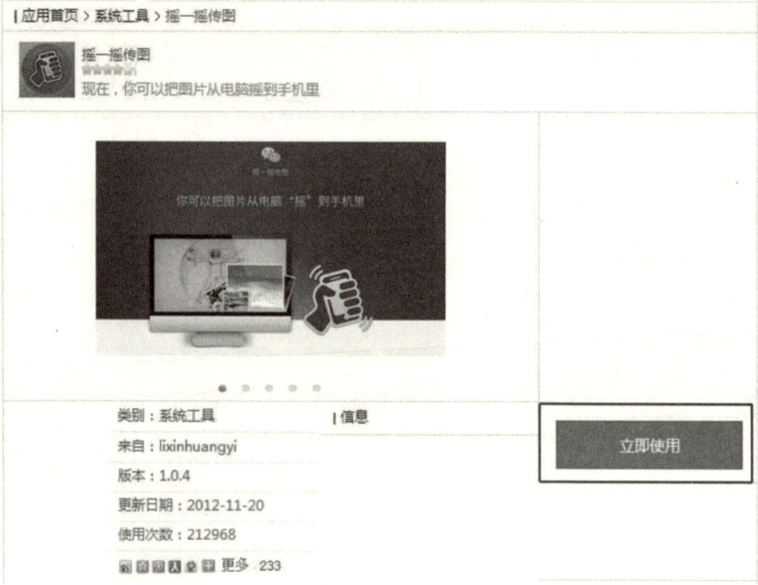
| 应用首页 > 系统工具 > 摇一摇传图
摇一摇传图
现在，你可以把图片从电脑摇到手机里
你可以把图片从电脑“摇”到手机里
类别：系统工具
来自：lixinhuangyi
版本：1.0.4
更新日期：2012-11-20
使用次数：212968
更多 233
| 信息
立即使用

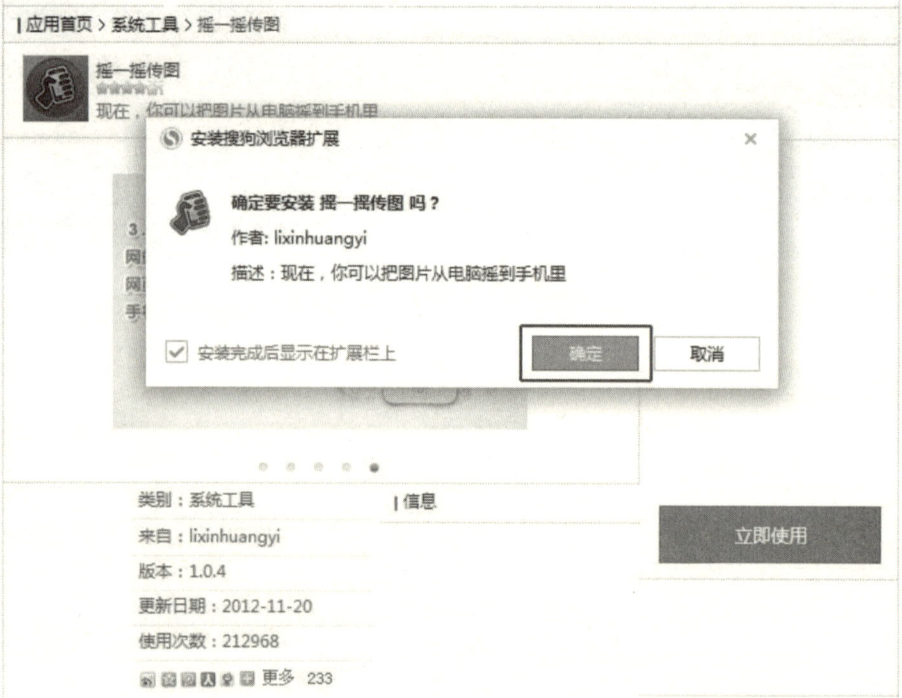
| 应用首页 > 系统工具 > 摇一摇传图
摇一摇传图
现在，你可以把图片从电脑摇到手机里
安装搜狗浏览器扩展
确定要安装 摇一摇传图 吗？
作者: lixinhuangyi
描述：现在，你可以把图片从电脑摇到手机里
安装完成后显示在扩展栏上
确定
取消
类别：系统工具
来自：lixinhuangyi
版本：1.0.4
更新日期：2012-11-20
使用次数：212968
更多 233
| 信息
立即使用

4. 找出想传到手机上的图片，在浏览器的新页面中打开，最好是找到原图地址，这样便能看到大图，图片的质量也会更好。

5. 拿出手机，点开微信，依次点击【发现】→【扫一扫】。然后，将手机对准电脑上的二维码，感应之后，点击【确认绑定】。此时，微信就会进入【摇一摇传图】界面。

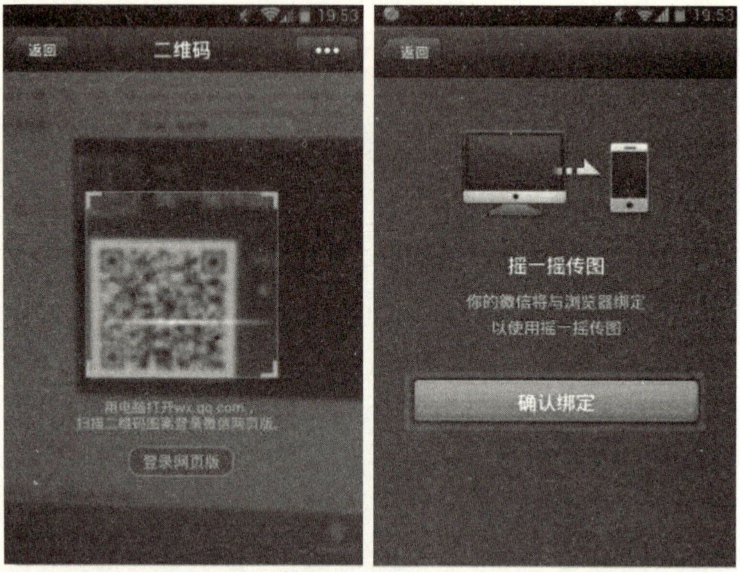

6. 进入微信【摇一摇传图】界面。此时，只需摇动手机便能自动获取电脑上的照片，这样【摇一摇传图】就基本上完成了。

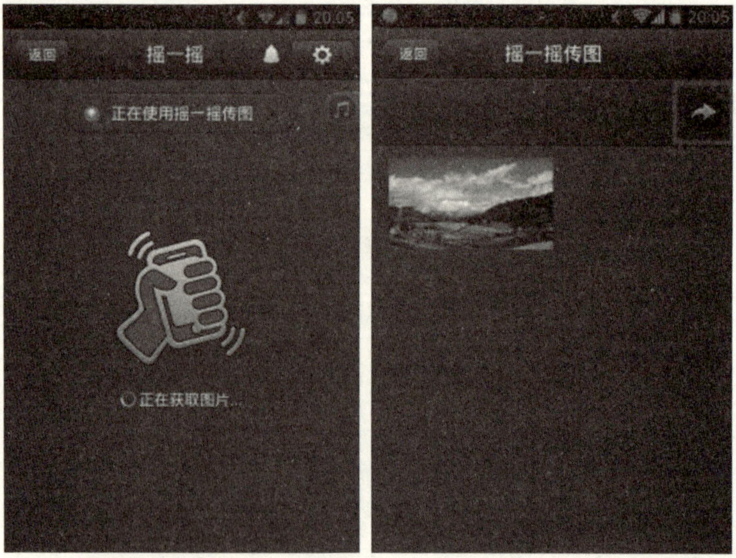

这个功能是双向的，既可以手机给电脑传图，也可以电脑给手机传图，由此可见，该功能非常强大，它大大减轻了商家的工作量。以前人们想把照片传到微信上是非常麻烦的，首先要登录微信网页版，再从微信里发送照片到别人的微信页面上，这样你才能得到电脑版的照片。这是一件非常烦琐的事情，不利于后续工作的进行，而摇一摇传图功能的出现解决了这一困扰，给商家带来了营销上的便利。

现在商家可以利用该功能来编辑自己的产品信息，当你用照相机拍好产品图片后，便可上传到电脑里进行修改、增添文字和说明，然后制作成宣传用的图片，通过摇一摇功能将这些图片传到手机上，然后再做图文编辑，便能发送到朋友圈里，让你的客户知道你最新的产品信息。这项功能大大减少了商家的工作量，精简了他们的工作流程。

所以，商家应充分利用摇一摇传图功能。当你用微信网页版和顾客聊天的时候，可以立即摇一摇将手机上的图片发送给你的客户，让他们第一时间知道你的热情和产品信息，这样更有利于双方的互动和交流。

虽然微信在即时应用方面很方便，但同时在手机上和这么多人聊天是一件非常累人的事情，而在微信网页版上聊天互动、传照片则更能提高你的工作效率。所以，充分利用摇一摇传图功能，在很多时候能让你的微信营销事半功倍。

5.4 歌曲：用设置的音乐来吸引群体

微信摇一摇在商家看来是一个强大而且新鲜的存在，其不止局限于寻找潜在客户，摇一摇传图还可以通过摇一摇来搜索歌曲。商家知道这个用途后，还能有更深入的运用，所以理应清楚微信摇一摇搜歌是怎样操作的。

微信 6.1 的更新使得摇一摇功能日臻成熟，你只要打开微信页面，点击【发现】，找到里面的【摇一摇】，进入页面就会看到右上角有一个【音符】图标，按一下就能进入搜歌功能。当你在大街上听到你喜欢但不知道歌名的歌曲时，就可以通过摇一摇来搜歌。你只要晃动手机 5 ~ 10 秒它就会自动在网络上寻找相关资源，然后识别出歌曲和歌手是谁，非常智能。而且识别出歌曲后，你还可以点击右上角的【设置】按钮将你的歌曲分享到朋友圈，与朋友们共享你的精彩音乐。

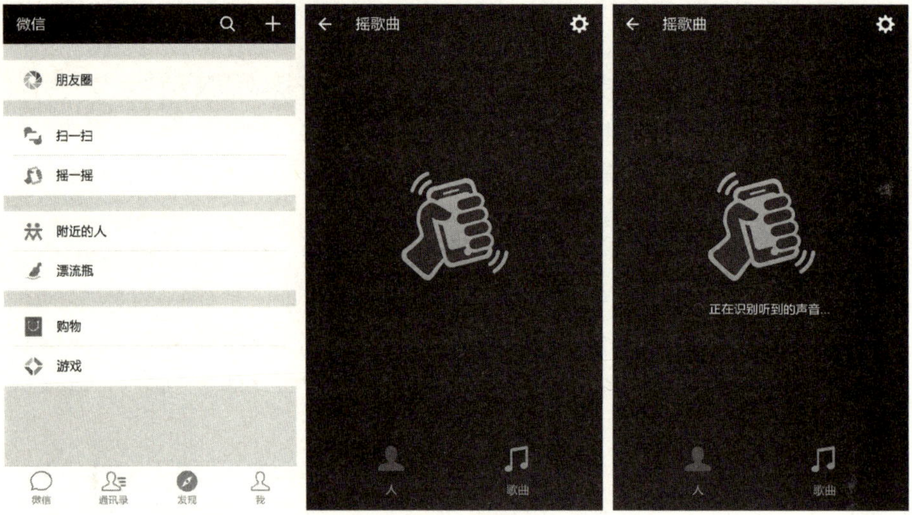

这是微信摇一摇搜歌的基本用法，商家如果熟知这项功能，就可以仿效浙江卫视“中国好声音”的摇一摇听歌环节来设计一系列的竞猜活动。

“中国好声音”从第一届到2014年已经第三届，用户更注重音乐给他们带来的全新体验，而不再局限于在某些社交平台上写下评论、吐槽几下或者发些感性的想法，他们需要更新鲜的体验，而“中国好声音”设计的通过“摇一摇”功能反选竞猜学员的梦想导师的活动，让用户能够在微信里和电视进行实时互动。用户不仅可以摇一摇来反选竞猜，还能跳转到腾讯视频客户端来收看“好声音”的节目，既为“好声音”增添了活力，又让腾讯视频实现了引流。

在做微信营销时，我们必须明确一点：要给用户带来更多更新奇的体验，因为随着移动互联网的发展和各种社交平台百花齐放，用户不会像以前那样仅仅单向地接受一个媒体平台给他们的体验，他们必须亲自参与其中，体验活动的乐趣，这样才能形成一种双向互动，实现真正的O2O营销。

中国好声音正是利用这一点，让用户参与到好声音的节目中来。具体操作流程是，在节目中每上一个新学员时，用户即可打开微信里的“摇一摇”搜歌，然后竞猜这位学员最后会选择哪位导师，也可以选择选手“出局”。竞猜完后，用户还能看到参与这次竞猜的人有多少，以及竞猜的正确率。更有趣的是，用户能看见自己在这次竞猜中“打败”了多少观众，并可以把自己的战绩分享到朋友圈。在结束这一轮竞猜后，用户还能进入下一轮竞猜，直到比赛结束。而且，猜对的用户还有机会参加实时竞猜的抽奖。

该项目的客户经理解释说，他们主要是抓住了观众看节目时的心理，让他们在关心导师是否转身的同时，关注学员究竟会成为哪位导师门下的弟子。这是观众看节目时的矛盾点，也是整个节目的高潮部分，所以活动策划方便结合微信摇一摇来设计这次有奖竞猜活动。

结果证明，这一策划相当成功，仅仅两小时的参与量便突破百万大关。这给众多商家上了生动的一课，告诉他们，原来微信营销还能这样玩！

在活动中，只要抓住客户的核心关注点，再加以运用策划便能设计出一个让用户持续保持新鲜感的活动，这正是商家所需的，也是用户想要体验的，只有这样，才能让商家和客户做到双向互动，吸引更多的群体前来关注活动的进行情况。这一点，对于传统的媒体行业尤其有帮助和借鉴意义，同时还能促使其与时俱进，找到转型方向，促进传统平台的发展。

5.5 打招呼的人：不断输送体验式“问候”

在举办活动时，除了可以通过摇一摇在现场进行有奖竞猜活动之外，让摇一摇回归交友问候也显得非常重要。

商家在做微信营销时，通过摇一摇便能千里觅缘分，寻找潜在客户，但微信摇一摇交友功能许多时候并不太靠谱，许多用户在用微信摇一摇找到陌生人后被骗财骗色。随着类似案例的增加，许多用户都不再主动加微信摇一摇的好友，这样便给商家造成很大的困扰。

不过，如果你设置一个有吸引力的头像，再加上打招呼的技巧高明一点，让人感觉很有诚意，那么你交友的成功率就会大大提升。毕竟摇一摇最初就是为偶尔交友而设计的，所以商家还是要把握摇一摇交友的特点，尽量寻找更多的潜在客户，这样你才能形成客户群。

那么，怎样才能提高交友的成功率呢？打招呼的方式和内容显得至关重要。

在使用摇一摇功能找到附近的人后，要第一时间发出问候，掌握主动权。至于发送问候的内容，不能只是平平淡淡的“你好”两个字，否则你寻找潜在客户的希望很可能会石沉大海。所以，在打招呼时必须发送一些体验式的问候，这样才能吸引住潜在客户。

具体来说，在微信营销中分两种情况。如果你是企业或个人营销，你的个性签名应该将店铺名称外加一些重要的信息放上去，好让客户知道你是做什么的。而在打招呼时，可以先发一些比较贴心、喜庆的问候语，等得到对方的回应后，再逐步发送你的优惠信息，比如你是做护肤品的，可以随季节的变换给你的新客户送出一些样品，而获得样品的方式是什么？你可以详细向客户说明，这样他们便能从中感受到你的热情，体验也会好起来，对你的戒备心自然就会逐渐减少，而你也能得到客户的青睐，对产品进行不一样的推广。

如果你是公众号营销，打招呼的方式就不一样，起码在介绍自己时不要添加太多的商业元素，以免潜在客户看了之后产生反感。但是，你可以在打招呼时向对方说明你是运营微信平台的、你的平台会推送什么内容、有什么优惠活动等，让客户对你的公众号产生兴趣，这样你才能加别人为好友。等他加你为好友后再进行后续推广也不迟。

记住，想要让陌生人成为你的好友，关键在于摇一摇之后你打招呼的方式能否让对方产生兴趣，要努力让对方产生良好的体验，这样你的摇一摇交友才会成功。

【案例解析 12】

百商悦澜山：万人微信摇一摇，high 翻全城

如果要问什么样的营销手段能够令万人瞩目，2014 年 8 月百商悦澜山在合肥步行街上举行的“万人微信摇一摇赢大奖”活动大概能算一个。

随着微信应用的增加，社交网络越来越发达，商家如何利用社交网络，让消费者聚集在一起为活动造势，就成为一个很现实的课题。在这次活动中，百商悦澜山依靠微信摇一摇进行抽奖活动，成功地使得全场参加活动的用户都 high 了起来。

本次活动主打的旗号是感谢并回馈新老客户长期以来的关注和支持，只需在活动现场用微信摇一摇，就有机会获取丰厚奖品。商家举办这样的活动，旨在更好地宣传“不买楼王，厚惠无期”的口号，提升品牌知名度，使得楼盘持续热销。活动分为两次，分别在 8 月底和 9 月中旬，间隔时间不超过半个月。在第一场活动中，几乎所有在场的人都能参加，只要在活动现场及时扫描即可。有了这样的铺垫，首场活动便赢得了万人瞩目和参与。

为了举办这次活动，百商悦澜山特意在步行街的大屏幕上设置了一个巨大的二维码，现场观众只要扫描屏幕上的二维码加其官方微信，即可获得摇一摇抽奖的机会。举办方在收到你的关注后会主动发送摇一摇的链接给你，这样你就能点开链接参加摇一摇活动了。

活动持续一个半小时，从晚上 7 点到 8 点 30 分，摇一摇的间隔为10 ~ 15 分钟，每轮竞赛将产生 10 名幸运参与者，获奖概率之高引得现场所有用户都疯狂摇动他们的手机。

在这次活动中，商家利用自己的知名度让潜在客户关注企业的微信号，这样既能增加粉丝，同时也能带动抽奖活动的现场气氛。由于设置的终极大礼非常有吸引力，用户的参与热情高涨，而摇一摇也因为其简单便捷、可操作性强等特点，成为带动现场气氛的利器，使得举办方成功策划出一次全城瞩目的活动，同时也为第二场抽奖活动打下良好基础。

第二场抽奖活动虽然和第一场相隔不到半个月，但活动的参与者必须是百商悦澜山的客户，也就是说必须是百商悦澜山旗下楼盘的业主才有机会参加第二轮抽奖活动。当然，第二轮抽奖的奖品比第一轮丰厚得多，于是吸引了大批合肥市民前往购买百商悦澜山的楼盘，以便获得抽奖的资格。

可以说，第一轮摇一摇活动是为了销售楼盘做铺垫，也是为了更好地举办第二场活动所做的必要准备。这其中，摇一摇竞猜得好礼的环节是整个活动成功的重要因素。

通过这个案例可以看出，商家在举办大型活动时，可以充分利用微信摇一摇的特点，去设置一些能够调动气氛的活动，这样才能使活动现场活跃起来。

【案例解析 13】

湖北卫视全国首摇：摇一摇，就能与观众零距离互动

报纸、广播、电视等传统媒体面临 O2O 营销传播短板，很难将传统与科技结合起来，构建一座真正沟通的桥梁，这也是决定传统媒体行业兴衰的关键。所以，如何更好地利用创新平台来构建一个有效的沟通渠道，让整个传播过程形成一个闭环就成为重中之重。

作为一家地方电视台，湖北卫视抓住先机，与腾讯联合推出全新的“微信摇一摇”电视互动模式，旨在更好地将传统平台与创新渠道结合在一起，推动了电视互动的革新。

这次尝试让电视媒体真正与微信摇一摇结合在一起，给观众带来前所未有的体验。活动首先出现在一个名为《如果爱》的明星恋爱真人秀节目里，该节目是湖北卫视的一档重要节目，也是国内首档大型明星恋爱节目。当观众收看《如果爱》时，只需拿起手机，打开微信页面，通过摇一摇点击歌曲识别功能就能识别出观众正在观看的节目。识别节目只是微信摇一摇的第一步，观

众还能通过“摇一摇”来摇出各种内容不一样的页面，随时随地参与有趣的节目互动。观众在答对相关问题后，便可进入下一个互动环节——抽奖转盘，以获得丰富多样的奖品，比如钻石吊坠、与柳岩同款的黄金戒指等，以吸引观众互动的热情。

如果只是摇一摇抽奖活动，那未免太单调，无法引爆现场的互动气氛。为了吸引观众，湖北卫视还推出与明星速配的测试环节，让观众在观看节目时，通过在微信互动页面上选择自己的性别、生肖和星座，从而速配出观众与自己喜欢的明星的匹配指数。互动完后还可以将他们参加各种活动的信息及时发送到朋友圈里，让朋友圈里的好友也能及时知晓，并推荐他们也来参加活动。

边看电视边摇一摇无疑加强了电视节目与观众之间的互动，而且这种互动是实时的，能够在放映时与观众立即互动，使他们产生更好的体验。

可以说，湖北卫视牵手移动互联网的举动在一定程度上弥补了传统媒体与移动创新媒体之间互动的短板，真正使 O2O 营销发挥作用，而且拉近了传统媒体与观众之间的距离，堪称传统媒体的一次营销典范，也使传统媒体的变革有章可循。

因为微信摇一摇的巨大魔力，即使不在现场参加竞猜活动，同样能调动节目气氛，创造出有趣可行的娱乐方式，将新旧媒体完美融合在一起。

【案例解析 14】

好戏连台，南昌国际车展摇一摇 3 分钟抢完

每一次车展，通常都会搞得声势浩大、引人注目。但如何把车展办得有特色，让车展摆脱名车荟萃、美女云集的窠臼，是主办方面临的一个难题。

南昌国际车展虽然名气不大，但通过创新思路，引入新科技，取得了很好的效果。车展在南昌国际展览中心举行，时间恰逢十一黄金周，为了活跃现场气氛，主办方妙计迭出。

首先，从 7 月份开始筹办，就陆续推出“全城车贴总动员”、车展自驾游、一元抢票等线上线下活动，这些活动吸引了众多车友的持续关注和参与。从营销的角度来看，这些活动属于预热准备，为的是造势，吸引广大车友注意，使得车展能够顺利举办。一般大型活动都需要这种预热，慢慢推进活动，这样才能使活动最终达到高潮。

其中，“全城车贴总动员”和车展自驾游两项活动是主办方的创新活动，旨在让广大车友在车展还没正式开幕前就体验到车展的魅力，吸引车友的注

意，让他们持续关注车展。

要想参加车展，门票自然少不了。为此，主办方组织了一场“一元抢票”活动，引来大量车友的参与。这也是南昌国际车展首次使用电子门票，用户只需关注车展的官方信息，及时参与抢票活动便能以一元的低价获得原价 30 元的门票一张。这个活动相当实惠，因而吸引了很多车友纷纷购买一元门票。

在完成大量的展前预热之后，车展的重头戏终于要来了。首波“摇一摇”现场抽奖活动新鲜出炉，想要参加“摇一摇”现场抽奖活动，第一步必须关注南昌国际车展的微信订阅号“南昌国际车展”。在抢购到一元门票之后便能直接在主办方约定好的时间里参加摇一摇活动，只要输入购买门票的手机号和门票的密码，即可摇动手机获大奖！

为了壮大声势，主办方为这次车展准备的奖品十分诱人，没有令参与者失望。第一轮“摇一摇”抽奖活动的奖品包括微波炉、美食券、电影票。由于之前的造势很足，摇一摇活动在 3 分钟之内便被参与的观众一扫而空，场面蔚为壮观。为了证明摇一摇活动的真实性，主办方还特意将获奖名单及时公布出来。

3 分钟之内奖品一扫而空，微信摇一摇的威力可见一斑！南昌国际车展的主办方充分利用微信摇一摇的特点，极大地调动了现场观众的气氛，他们打破传统的车展模式，将参与者的热情和期待充分释放出来，收到了极佳的营销效果。

【案例解析 15】

腾讯房产：即将上线摇一摇引发疯购

截至 2014 年，微信用户已达 6 亿。在许多商家看来，微信市场就像一块肥肉，香喷喷地吸引着众人的视线。

微信为所有商家提供了一个非常好的平台，其旗下的产品如微信理财、微信支付、微信打车、微信购物等已经在很大程度上改变了人们的日常生活。作为平台商，腾讯的目的是把微信做成一个生态圈，而不仅局限于即时通讯软件。有了这个生态圈，商家就可以利用它来做营销，而微信“摇一摇”在其中扮演了十分重要的角色。

腾讯房产就利用“摇一摇”引爆了人们的购买热情。微信“摇一摇”使用简单，腾讯特意将大屏摇一摇设在流量大、人气旺的核心商业街区，也就是 CBD 的大屏上，而且该摇一摇能够连接微信公众平台和个人平台，让路过的行人能够及时了解到其中的信息，引起他们的兴趣和围观，既增加了粉丝，还能根据不同客户群给他们推荐不同的房源，增强互动。

事实证明，腾讯房产的如意算盘打得不错，在大屏还未上线前，活动就已经很成功。腾讯不局限于在一地做活动，而是积极与全国各地的广场、房地产商、CBD合作，推出微信摇一摇活动，包括上面提到的微信大屏摇一摇，关注官方公众号活动。此外，还推出摇一摇抽奖送大礼活动，掀起全国各地购房人的热情。

这场活动可谓声势浩大，先是与安徽巢湖碧桂园合作，推出微信大屏摇一摇，旨在推送更多的楼市信息，让参与者亲自体验微信的科技魅力，随时随地关注楼市动态，及时把握第一手资讯，与商家互动交流，构建一个流动性高的平台。

这只是腾讯房产的第一步，后期腾讯更是将微信摇一摇的优势发挥到了极致。以芜湖站的活动为例，腾讯除了玩出高大上的微信语音版卖机、微信照片打印机等活动之外，更是在安粮房展会举办时推出微信摇一摇送精彩好礼活动，以吸引更多用户参与，调动会场气氛。

携手台州红星美凯龙的活动也取得了巨大成功。该活动让全台州人民拿起手机在广场上疯狂摇动，立刻high翻全场。利用微信摇一摇搞party，俨然已成为许多媒体走出传统营销套路的必然尝试，也让许多商家明白当今的消费者更注重体验、观感和快捷便利，而不是沉闷无聊。以往的活动往往是商家单方面传输的，现在有了微信摇一摇立刻通畅起来。O2O营销很讲究顾客体验，经营得好的话，会形成良性闭环，留住更多粉丝，让他们成为忠实顾客。

所以，商家应充分利用微信摇一摇来做好O2O营销，将自己的品牌和活动推广出去。

第6章

附近的人：营销也看“近邻”，LBS推送暗藏宝藏

位置服务（LBS）是微信一个带有定位功能的应用，很多商家在做营销时都会利用这个功能和附近的人打招呼，从而添加潜在用户。

在微信里，【附近的人】可能不如朋友圈、二维码、摇一摇等功能抢眼，但它却是商家拓展潜在用户的得力帮手，不相信？我们可以来看看。

6.1 精心设计签名栏，噱头就是营销

微信不仅有“摇一摇”添加朋友的功能，也有“附近的人”的功能，可以在附近 100 米内查看有谁在你身旁，从而添加他们为好友。

微信头像对于微信营销来说非常重要，是其最核心的要素之一，而微信个人页面里显示的签名则能够进一步吸引别人去关注你的头像以外的信息。如果对方觉得你的头像不错，签名也有特色，他们自然会关注你，这样你就多了一位潜在客户。

使用微信里的“附近的人”功能，其实是给自己抢免费广告位，因为你可以利用地理位置的定位去查看附近 1000 米内的人，而当你出现在上面的时候，别人就能看见你的个性签名，即使他们不加你的关注，你也在上面抢了个广告位来宣传你自己。

当然，在使用“附近的人”打广告时，商家必须了解签名栏在这个功能上起到什么关键的作用，这样才能有效地利用这一功能来做宣传。

微信里的签名栏是微信产品的一大特色，商家可以随时改变签名栏里的心情签名，及时更新自己的产品信息或者产品动态，以吸引潜在客户的注意。此时，签名栏就变成一种打广告的应用。这对商家来说无疑是个好消息。

坏消息是，签名栏的信息只能给微信圈里的朋友看，这样打广告的作用只能局限在自己的朋友圈里，而不能扩展到别的地方、别的潜在领域。那么，要怎样做才能让这种强制式的广告更有效果一点呢？答案是利用“附近的人”功能。

在微信主页面，商家只需点击【发现】，点击后会发现【附近的人】这个栏目，再点击进去就能看到“开始查找”按钮，按下这个按钮，系统便会在你身处的地理位置中去查找附近的人。找到以后，你就可以在上面肆无忌惮地打广告了。

当然，广告效果的好坏，要看商家广告词编写得怎么样，有可能十个看了你签名栏的人就有一两个加你关注。要让这些人跟你达成交易并非易事。但无论交易与否，起码在你的朋友圈里多了一个潜在顾客，有潜在顾客就有商机，有商机就有交易，有交易就有业绩，可能你的顾客对你以后的新产品有兴趣，主动找你购买也不是没有可能。

总之，能打上广告，让该广告产生一定的效用就够了，毕竟这是一个免费的广告位。作为商家，千万不要小看这免费的广告位，试想想，如果你雇佣一群人在后台运行微信，查看附近的人，在人流量大的地方蹲点几个小时或者沿路溜达几圈，所产生的效果恐怕不会比专门买个广告位来打广告差，因为你打广告的地方选得正确，你的签名栏自然就变成会移动的“黄金广告位”。

因此，商家务必谨记“附近的人”这一功能，充分运用它来为自己的产品作推广。至于怎样写出一句好的广告词，似乎又是商家的一块心病。因为一句好的广告词，能让你的签名营销拥有极好的噱头，从而吸引消费者去关注、去购买。

营销噱头这种东西需要商家以独特的视角去切入，首先要抓住消费者的需求和心理，可能有很多人在同一个行业经营着同一种商品，但经营方式不同，最后实现的经济效益也大相径庭。如果你是做减肥产品的，那么你肯定知道网上流行的一句广告词：我愿瘦成一道闪电，照亮所有猥琐的胖子。某个经营减肥产品的业务员灵机一动，将这句广告词改成：共进，减肥，微信营销一起嘲笑那些没有体会过丰满的瘦子。

这个很有喜庆感的个性签名引起了减肥者们的共鸣。不仅她的签名是这样，连她的头像也是一个胖嘟嘟的肥妞，更吸引顾客的注意，所以加她微信的人很多。被关注得多了，产品又真的有效果，那么买她产品的人自然就很多，于是业绩扶摇直上。

这是一个噱头，能够引起消费者共鸣的噱头，商家应该找一个好的切入点去吸引潜在顾客加关注，这样微信营销才有可能成功。

6.2 启动“找朋友”功能，搜索到预定受众群体

微信“找朋友”这个功能在【我】页面里，点击进去，就能搜索预定的受众群体，然后发送你想要发送的信息。需要注意的是，在此之前你必须把信息编辑好，而且编辑时信息的重点层次一定要分明，这是吸引顾客的必要手段。除此之外，“打招呼”这个功能对话框里的内容也是限定字数的，所以商家必须在有限的空间里做最大化的利用，将自己的第一次打招呼用好，这样顾客对你的印象自然会很深刻。

下面我们以一个成功的案例来说明微信“找朋友”功能的应用。

位于海南大学附近的起亚 K5 便利店在开业初期为了吸引更多顾客的关注，巧妙地利用微信“找朋友”功能来实现他们的营销目的。

“找朋友”里的插件特别多，通过插件就能高效精准地定位出周围的潜在客户，然后直接在打招呼时发送店铺的具体地址、相关的赠品以及其他优惠信息，以此吸引附近的顾客前来捧场。这是 K5 希望实现的目标，至于具体的做法则是设置一个辨识度高的微信头像，而 K5 便利店自身的 logo 就很好，可以直接用来做头像。其次就是编辑好个性签名，可以告诉看到信息的用户关注微信便可获得赠品等这样的个性签名来吸引客户加关注。

当这些基本信息都设置好后，接下来就是重头戏了，利用“找朋友”功能将预先编辑好的打招呼信息发送到预定的受众群体，让他们主动加你的微信号。

取得成功后，不要忘了和你的客户及时通话，并回复客户向你提出的一些常规性、细节性的问题，这样才能让更多的顾客知道便利店的活动以及详细的实施细则。由于此次活动的目的是增加有效粉丝，让粉丝主动进店消费，所以 K5 并没有刻意追求销量，而是主动发送如何获得免费赠品的信息给顾客，同时还附带上 K5 便利店的地址和相关联系方式，以方便顾客前来选购和兑换礼品。

K5 在通过“找朋友”搜索时，并不是搜完一次便结束，而是频繁地操作

该应用。一般来讲，每隔15分钟搜索一次最佳，不一定每次都用单一的文字来作说明，还可以通过语音进行详细回复。当然，前提是你要有动人的声音，这样才能吸引到顾客的注意。语音回复的功能一般都能让顾客产生亲切感，而且富有人情味，所以商家在运用这个功能的时候不妨用语音功能来回复，相信会收到不错的效果。

K5便利店在开业初期便利用“打招呼”和“附近的人”这两个类似于定点投放广告的功能吸引到不少顾客前往购买商品。宣传手段是最重要的，而运用最简单却最有效、成本最低的方法去推送店铺的消息则更是难得。

利用位置服务（LBS）的精准定位能够实现广告的精准投放，而且让关注了商家微信号的顾客立即了解到商家的各种信息，同时提供二维码链接让顾客下载各种产品优惠券等，真正实现了宣传营销的目的。所以，将广告投放到预定的受众群体不但能够缩小潜在客户的搜寻范围，也提高了客户添加商家微信号的概率，可谓省时省力，值得一试。

6.3 与微信网友建立通话后，要及时回复网友的提问

商家在微信中添加新的潜在客户后，如何维系这些客户就成为当务之急。你可以尝试着主动和他们打招呼聊天，并且根据他们的头像、年龄、个性签名，甚至进入他们的朋友圈去判断他们的喜好，然后再根据他们的特点去回答他们的问题。

需要强调的一点是，及时回复很重要，这样你的客户才会逐渐对你产生信任，然后购买你的产品。不仅如此，及时回复客户的问题也能让他们体会到你的热情和重视，信任是互相的，从某种意义上来讲，这也是情感营销和信任营销的另一种表现。

假如你回复的方式是贴心、耐心的文字，顾客感受到了你的重视，可能本来并不是很想买，但最后因为被你感动而选择购买。除了文字，回复的方式也可以选择语音。当然，前提是你的客服人员拥有磁性的男声或者甜美的女声。

K5便利店的定位营销之所以取得巨大成功，很大一部分原因就在于其客服人员能够第一时间回复对方的相关问题，如怎样到达店铺、店铺里的商品种类、如何获得赠品等。而且回答问题时非常耐心，没有表露出丝毫的厌恶，这是很好的营销手法，在展示自家品牌的同时，也在消费者心中埋下了“值得

信任”的种子。

同样的手法也可应用到各行各业中。其中，医疗行业更应该借鉴这方面的营销经验。在 PC 全面占据互联网大数据的时代，许多网友都会到网上在线咨询相关的医学问题，这样的在线咨询已经发展到很成熟的地步，但随着移动互联网大数据时代的来临，医疗行业的从业者必须能够在指尖上完成相关的询问，才能适应新时代消费者的需求。

基于此，医疗行业想要在微信上扩大知名度的话，主动添加好友是非常重要的一环。这些好友如果能够主动添加你的微信号，就说明他们都是有相关问题要向你咨询的。只要他们添加你之后，你在微信上进行积极问候、引导，你的客户自然会向你发出提问，如此你的微信营销就成功一半了。

最后要谨记，回复的内容不可太过僵硬，太过形式化，必须要真切，这样客户才不会反感，才愿意和你继续聊下去。只有这样，你的营销才会成功，你才能收获更多的客户。

6.4 用语音功能每隔 15 分钟重新搜索一次

在利用微信位置服务进行定位搜索时，仅仅搜一次是不够的，效果也不会明显，必须在同一空间区域做出多次搜索才能获得更好的效果。其中，搜完第一次后，过 15 分钟再搜索一次是非常重要的，这样可以提高你微信号的曝光率，吸引不同的人群注意。这是利用“附近的人”去添加朋友时非常重要的一步。

那么，你是用语音功能去搜索还是直接用文字呢？这里面有讲究的技巧，通常情况下用甜美的语音去搜索是最好不过的事情。人类都是感性动物，喜欢美好的东西，用甜美的女声去搜索不仅会吸引男生去关注，也会吸引女生停下来聆听。所以，商家在搜索时不妨用语音功能去搜索，寻找潜在人群。

K5 便利店的微信营销正是用了这一功能，在利用“找朋友”搜索后坚持不懈地在 15 分钟这个时间间隔内播出语音搜索，以此吸引特定区域的人群来关注。

为什么要在 15 分钟这个时间间隔内进行语音搜索呢？主要是因为 15 分钟这个时间间隔比较适中，不会让人听到你的语音后觉得过于频繁，也不会让人觉得你久无音信，而且隔一段时间休息一下，在特定区域内的受众也会有变化，这样也能吸引更多的受众来关注你的语音搜索。一切都要根据消费者心理行事，并且要适时改变策略和形式，以做到抓住市场，抓住消费者的心理，这样才能使你的潜在顾客快速增长，达到你的既定目标。

6.5 事先制定好表格，发送信息及对象要做好记录

由于“找朋友”是根据定位来寻找的，所以加朋友的时间和数量都是不定时和随机的，而加完朋友之后，你总不能等着顾客主动来问候你，而要采取主动，及时去问候对方。

此时，商家会面临一个问题，在同一时间内有这么多的人加你微信号，当你向他们发送信息时就容易产生偏差和重复，而重复发送问候信息给潜在客户，会给对方造成不良体验。所以，商家必须解决这个问题，而解决这个问题也不难，只要花点心思就行了。

在进行 LBS 定位之前，应该事先做好一个表格，该表格可以是电子版的，也可以是纸质版的，用以记录你的消息发送给了哪些粉丝，发送的内容是什么，这样你就能做到心中有数，不会多发，也不会少发。这样，你就不会重复发送，你的顾客也不会觉得你在骚扰他们。

这些都是做微信营销时的小技巧，并没有什么技术含量，却能让顾客体会到你的贴心服务和你对他们的重视。

当顾客来兑奖时，可以问问他们是否收到你给他们发送的信息，也可借机展开话题，与他们进行有效的沟通互动，加深他们对你的印象。

这是微信营销中最重要的部分，仅仅一两次沟通并不够，在原有的微信沟通上再进行现实中的沟通，这样会使你的顾客感到更真实，也更有亲切感，从而让他们记住你的店铺，以后才会有所选择地来你的店铺为你招揽生意。

有时候，一个小小的举动或许会给商家带来许多意想不到的收获。

6.6 多参加活动，多逛会场、展会

在大街上拿着手机拼命查看“附近的人”以有效添加好友，这样的方法似乎有些笨拙，而且效率也很低。为什么这样说？因为你漫无目的地走在街上，可能测不准你的目标受众是否在街上。与其这样，倒不如先找好相关的目的地，然后有计划地往这些目的地走，这样或许才能有效地添加新的粉丝。

那么，哪些是商家的特定目的地呢？例如会场、展会等人流量密集的地方，这些都是很好的快速增加粉丝的目的地。当然，这是针对你想要的潜在顾客来说的。

假如你是做护肤品营销的，那么去一些活动现场或者时尚广场蹲点是非常有用的。因为你的目标受众是年轻时尚的女性，而这些女性在休闲的时候大多数喜欢逛一些举办活动的热闹现场，又或者和三五好友一起到商场里逛街。针对这些情况，你可以有备而去，将自己的头像、个签等都弄好，然后利用 LBS 来进行定位。

在这些热闹的场所做宣传推广比盲目地在大街上转悠更靠谱。事实上，那些买卖旧货的商家一般都会在菜市场、大型商场或者家具公司外面蹲点，因为这样可以缩小目标顾客的范围，而不是毫无目的地开启 LBS 来找朋友。

做这些事情的目的是快速精准地找到目标受众，让自己的粉丝、客户尽可能地快速增长。所以，商家有空的时候不要固守在同一个地方，而要到处逛逛，有目的地逛逛，这样才能更有效率地添加到自己的粉丝，找到目标受众。

6.7 借助软件工具，事半功倍

“找朋友”功能主要是靠 LBS 进行定位，然后在特定区域和群体里进行查找，可是附近的人这么多，如何让他们在第一时间注意到自己的微信号呢？或者如何在同一时间内出现在多个有效场所里，让别人知道你的存在呢？答案是借助某些软件来进行定位，这些软件能让你在海量查找时事半功倍。

这里介绍一款不错的定位软件——微信定位精灵。这是一款安卓版的定位

软件，主要用来帮助商家伪装其所在的地理位置，使他们随时随地都能在软件上不受限制地查找周围的潜在顾客，使他们能够迅速增长粉丝。这类辅助软件之所以存在，是因为用户有需求。微信商家可以大力挖掘这些软件工具的潜能，为自己的微信营销助力。

微信定位精灵的用法很简单，而且支持多种社交软件，其中就包括微信。商家只需下载微信定位精灵并安装，然后便可在上面伪装自己的地理位置，从而找到更多的潜在人群。

该软件最大的特点是，你可以在地图上将任意一个地方设置为自己微信所在的位置，然后搜索附近的人到底有哪些，再向他们打招呼。这样商家就能做到不受地域限制，随时随地在软件上寻找相关人群了，如此不仅省时还省力。

而且，微信定位精灵还支持摇一摇切换位置的功能，你只需摇动手机，便可自动切换到下一个定位地点，而无须到原软件界面再次进行相关定位。

可以说，该软件非常方便智能，为商家的宣传推广提供了强大的支持，而微信营销也因为这样的软件变得简便、快捷和多元化。商家在做微信营销时，不妨试一试。

【案例解析 16】

玩差异化微信营销，神舟小信 3S 评测

2014 年 8 月 25 日，神舟的第一款微信手机下线开卖，抢占了微信手机市场的先机，比中国移动快了一步。

这款微信手机名为神舟小信 3S，售价 1999 元，比一般的智能手机高出许多。姑且不论价格高低对市场产生的影响，单看神舟小信 3S 在微信营销上给商家带来的差异化，这就是一款值得关注的手机。据官方消息称，小信 3S 是专门为微信营销而深度开发的手机。

以前在微信里群发消息、批量添加好友是一件很麻烦的事，而且需要很多技巧。小信 3S 的出现给商家带来利好，因为它的微信营销功能完全有别于其他的智能手机。

其实，神舟开发这款手机在一定程度上是和腾讯对着干，腾讯并不希望微信演变成过度商业化的营销工具，所以专门颁布过一系列的禁令来制约在微信上做营销的商户，避免他们的行为太过猖獗。而小信 3S 的出现似乎逆势而动，因此当这款手机推出后，有不少用户对它的前景感到堪忧，认为它肯定不会大

卖，但也有许多用户表示支持，因为这款手机的存在本身就是一种创意，能为商户带来积极的影响，使得微信营销变得更简单。

小信 3S 的第一个创意是对微信“附近的人”下手，这也是商家快速添加粉丝的必备技能。微信“附近的人”功能在使用范围内有一定的限制，用户在开启这个功能后只能在附近 1000 米的范围内进行搜索。该功能严格受限于用户所在的位置，这意味着，如果你人在北京，想开发上海市场的话，必须亲自到上海才能搜索到居住在上海的人。

这是微信营销中的一大弊端，你可以添加潜在客户，但这个机会的使用却是有限制条件的，商家并不能随心所欲地使用。但小信 3S 对“附近的人”功能进行了全面开发，在这个功能的基础上添加了“定点添加好友”功能，使用方法也非常简单，只需要在地图上随意定下一个点，以这个点为中心，扩展到附近 3000 米之内的地方就能“肆无忌惮”地添加好友。这个功能的深化并没有做出像微信“附近的人”里面的地域搜索限制，商家可以不受地域的限制，在任意的定点里进行相关的用户搜索，真正做到“在全国范围内随便添加好友”。

小信 3S 对微信“附近的人”功能的开发可谓深入，没有地域限制的搜索为商家添砖加瓦，更大的辐射范围使得添加更多的潜在客户成为可能。而在实际操作中，商家只需将发送给附近的人的信息、所要添加用户的性别以及每次想发送的消息数量等基本信息填好，并在手机上根据这些需求选择即时定位便可。该功能可以寻找定位 3000 米范围内的人。

微信“附近的人”功能其实很像 QQ 软件里的按条件查找好友，用户可根据地区、年龄等条件随意添加好友。在 QQ 里，这个功能没有任何限制，可以天南地北地添加好友，但在微信里却弱化了这个功能。神舟小信 3S 手机则强化了这个功能，使其还原为 QQ 的形式，从而为商家在做营销推广时省了不少力气，增添了很多便利。

商家如果想提高微信营销的速度和效率，不妨试用一下这款手机，它可以开发不同地区的客户，增加产品销售的可能性。手机功能的差异化和产品的差异化同等重要，商家必须把握好先机，想尽一切办法简化营销的手续，这样才能高效率地完成一项工作。

【案例解析 17】

微信卖水果：就这样做到月收入过万

仔细分析的话会发现，微信“附近的人”功能多用于微信营销起步阶段，那时候商家在微信上的粉丝最少，亟待添加数十个甚至上百个粉丝以增加客源，提升销量。所以，很多时候商家都是在自己开商铺的位置定位“附近的人”以增加更多顾客。

而在某小区附近刚刚开业的一家水果店则是通过“附近的人”添加了不少粉丝，为店主的销售收入增长作出了重要贡献。下面来看看这家水果店是怎样做微信营销的。

首先是微信头像、名称和个性签名等项目的设置。这家水果店用的是自己的招牌头像，微信名称用的是自己的店铺名称——××水果店，这样才有代表性。除此之外，水果店还在个性签名里添加了店铺的地址、联系方式、是否可以配送等信息以吸引潜在客户的注意。

由于水果行业对时间和运送距离的要求比较苛刻，水果店的潜在客户大多是水果店附近的居民，所以店家使用“附近的人”来添加粉丝，虽然会缩小潜在客户的添加范围，但对于销售水果而言，往往距离越近越好，这样对于商家配送和水果保鲜都有极大的好处。

所以，合理利用“附近的人”功能对于增加粉丝有莫大的好处。对于该功能的使用也是相当有技巧的，你不能只使用一次就万事大吉，必须频繁使用。考虑到水果店的客户是住在附近小区的居民，你不必太频繁地去定位附近的人，只需要一天定位一次就够了。这个看起来容易做起来难，因为你必须每天坚持这么做，每天主动添加附近的人，争取将他们变成你的好朋友，变成你的顾客。

如果你是小区的常住用户，你可以根据自己对他们的认识和了解，在微信名称里加上备注，这样便可以准确区分出哪些客户是你的目标顾客，为做好销售推广奠定基础。

鉴于水果店位于小区附近，小区里的住户熟悉水果店的位置，而且水果是人们的生活必需品，他们很清楚你的水果店的情况。所以，当你定位“附近的人”时，他们也会在微信上加你。长此以往，主动添加你的粉丝会成为你的有效粉丝，能够为你创造出业绩。

尽管前期添加粉丝比较难，除了被一些无聊的人骚扰外，不会有太多有效的粉丝，但坚持定位、坚持调查还是很有用的，因为你的营销范围到后期将不再局限于附近小区几千的客户，还可以做得更大更广，涉及周遭更远范围的小区。所以，找准自己的定位，持之以恒地付诸行动是非常有必要的。千万不要只坚持一段时间就放弃，不再主动去寻找，须知主动推广、主动加人、主动蹲点对于添加粉丝是必不可少的阶段。

另外，上门配送服务非常吸引人，可以作为一个营销噱头，放在个性签名里。因为有很多人不愿意为了买几斤水果专门跑一趟，如果你的店铺能够提供这一服务，顾客就会觉得你很贴心，即使你多讨要几块钱的跑腿费，他们也会觉得无所谓，毕竟天下没有免费的午餐。

因此，作为微商，你可以大胆地在个性签名里写上水果配送等字样，以便让你的目标客户知道你有这项服务。这也不失为一个营销噱头，可以有效地增加你的粉丝数量。

最不济还可以在附近小区到处转悠，打开“附近的人”功能以增加更多的潜在客户，同时定时定点发出问候信息、产品类型信息以吸引他们的关注，然后购买。

总之，月收入过万甚至更多并不是梦，也并非难以企及的目标，只要你有心，能够掌握良好的营销技巧，及时做好宣传推广工作，维护好与顾客的关系，你就会成功。

需要指出的是，寻找附近的人只是辅助手段，加完粉丝后必须后续跟进，及时解答顾客的问题，给予他们优惠，亲切对待他们，让他们成为你的忠实粉丝，这样才能事业常青。

【案例解析 18】

附近的人：商品打折噱头，分分钟传播

在微信营销的前期阶段，利用“附近的人”大量添加潜在客户是必不可少的，这要求商家充分利用“附近的人”的强大功能。那么，怎样才能最大化地利用这个功能呢？

首先要把自己的签名栏设计好，这是微信推广的一大利器。用得好的话，会使你在运用 LBS 搜索附近的人时吸引到更多的人关注。

除了在签名栏设置自己的店铺地址、联系方式之外，用简短的语言来概述产品的促销信息也是非常重要的一环。人们总是对免费或者有利于自己的信息感兴趣，因此在微信营销的初期，如果你不是什么大咖的话，就要靠这种促销手段来引起对方的注意了。

开启 LBS，在“附近的人”上搜索，别人无论怎样都要强制性地看到你提供的信息，如果他们对你销售的产品感兴趣，自然会点开你的主页查看。这时，他们就能第一时间看到你的个性签名。看见你的签名，也就意味着第一时间知道你的店铺促销，这样他们觉得能够得到好处，自然会加上你的微信，对

你的产品产生关注。

一家以经营快餐为主的店铺“饿的神”，便完美地利用“附近的人”功能，在微信上推送各种促销信息，而且其在推送消息的时间上拿捏得很到位。

这家快餐店一般选择午间饭点时间运用“附近的人”，向周围的人打招呼。中午正是人们饥肠辘辘的时候，此时向他们打招呼，并且推介适合他们的菜谱显得很合时宜，也能抓住顾客喜欢方便的原则，直接加你的关注，在微信上下单，从而快速享受到美食。

时效性强、让用户能够及时看到更多促销信息是“附近的人”最强大的地方，也是商家最值得利用的黄金广告位。“饿的神”坚持每天在饭点时间搜索附近的人，并在搜索过程中推销自己的打折套餐，利用快消行业惯用的优惠套餐去吸引顾客，在打招呼的时候，顾客也能看到店家微信上的个性签名，从而引导他们循着促销信息来店消费。

从某种意义上来讲，“饿的神”的这种促销手段远比传统的促销手段高明，它替代了以往效果不是很明显的街头四处分发传单的营销方式，也部分替代了电话订餐、网上订餐等时效性不是很强的营销方式。

这是社会的一种进步，人们的生活将变得越来越便捷，商家对顾客的影响和在日常生活中的渗透也会越来越强，这使得 LBS 在营销初期显得尤其重要，因为打折信息本身就是一种营销噱头，意味着顾客可以花更少的钱买更多的东西，这对大多数顾客而言是致命的诱惑。作为商家，你应该尽可能地把打折信息放到个性标签中，从而吸引更多人加你的微信。

不仅小商户这样做，大企业同样可以利用 LBS 定位去做推广促销。只要是对销售有积极影响的行为，大企业也能将其发挥得淋漓尽致，上品折扣就是一个典型例子。

该企业成立了一个微信体验商城，消费者只要掏出手机就能直接在上面下单购物，而且商家会定时推送打折商品信息给顾客，同时利用附近的人来进行定位，使更多的人关注，也使更多的人知道可以先去实体店体验，觉得好了直接在手机上下单即可。

在这个过程中，顾客显得非常主动，既可以根据商家推送的打折信息来选择自己想买的商品，也可以非常便捷地支付。通过微信，商家让促销信息真正成为一个营销噱头。

第7章

漂流瓶：“捞”“捡”之间，微营销在指间跳动“商机”

漂流瓶原本是QQ邮箱里的一个应用，后来扩展至微信里。商家可以通过简单的“扔一个”、“捡一个”来吸引“大海”里的人的注意，从而吸引对方与你互动。只要有话聊，就会有商机，商家可以通过漂流瓶来把握商机。

7.1“扔一个”，挑选发布语音或文字，然后投入大海

对于微信里的朋友圈、二维码、附近的人等功能，大多数商家都比较熟悉，但微信里有一个类似于 QQ 里的“漂流瓶”，不知道众商家有没有关注过？这是一个可以添加朋友或者直接发送促销广告的功能，能够让商家不受朋友圈、附近的人等功能那样的地域限制，直接将信息发送出去，然后等待回应。

漂流瓶具有随机性，也比朋友圈、二维码、附近的人等功能更具不确定性，不过一旦有人捡起并回应你的时候，你的商机也就来了。

漂流瓶扔出去后得到的回应不止一个，如果你的产品和促销手段足够吸引人，总会有人主动和你聊天，询问你相关的产品详情。你也可以不发文字，只发语音，当然最好找一个声音甜美的女生来发送相关的语音信息，这样才不会引起别人反感，也愿意听下去。

上来就直接扔漂流瓶显然不是好主意，更高明的营销手段是发一些有趣的话去吸引别人注意，也可以发一些想要交朋友的信息，和别人建立起关系，等别人主动搭讪，你再慢慢深入去推销自己的商品也不迟。

微信漂流瓶的玩法和 QQ 一样，区别在于 QQ 的回应可能只有一次，而微信的回应则不止一次，可能会有很多人都捡到你的瓶子，然后和你聊天。

笔者曾经试玩了一下漂流瓶，只是随便写了一句话，刚扔出去后不久就有 10 人回应，都是一些外地的朋友，可见漂流瓶的回应率是非常高的。

作为商家，应该充分利用微信漂流瓶功能做好营销，你可以一次多扔几个以吸引潜在客户的青睐，增加被捡到的可能性。别人跟你主动聊天的次数越多，你获得潜在客户的可能性就越大，因此商家应该把握好这些几乎免费获得好友的方法，然后主动和他们聊天，获取他们的好感和信任。之后，你就能逐步发起营销攻势，将你的客户留住。

漂流瓶的运营需要耐心，与搜索附近的人一样，都需要持续、频繁地去做，这样才能有效果。试想一下，笔者之前只是随手扔了一个漂流瓶便有这么多人回应，作为商家你肯定不止一次扔一个。由此可见，这里面包含的商机还是很多的。

招商银行发起的“小积分，微慈善”微信活动，就利用漂流瓶和用户主动交流，只需要扔一个漂流瓶，便能看到“招商银行点亮蓝灯”等字样，进

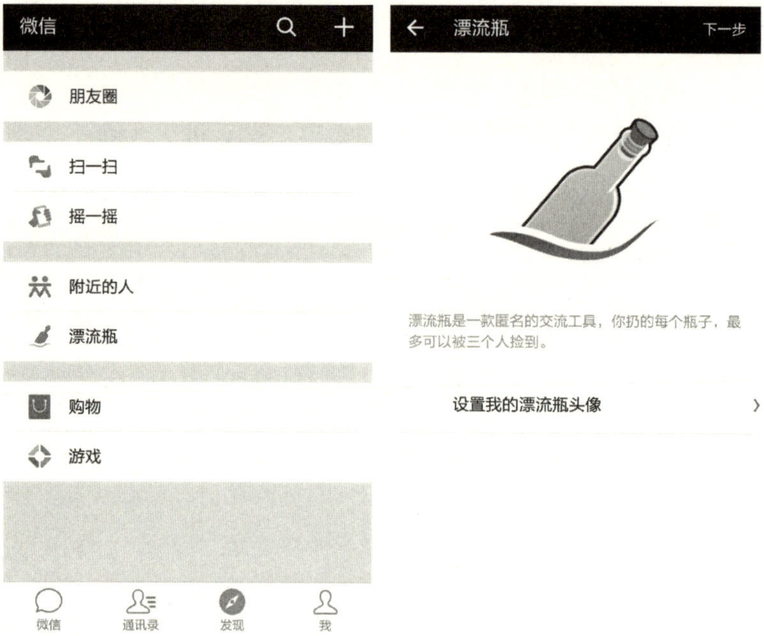

而与招商银行互动，捐献自己的积分。这些积分主要用于救助自闭症少年，只要主动回应便能作出贡献。

招商银行以慈善为主题，不但救助了许多自闭症少年，而且在做慈善的过程中推广了自己，使得更多人知道自己的品牌，从而在他们捡到漂流瓶的同时引导他们关注自己的企业微信平台。这样做不仅能推广自己，同时也不至于让别人觉得太功利，可谓棋高一着。

当然，在投放漂流瓶的时候，商家完全可以更大胆一些，毕竟即使回应你漂流瓶的人最后都不主动添加你为好友，你也在无形中宣传了自己的品牌，以后他们如果有需要，或者他们的朋友有需要的话，自然会想起你，这个时候你就成功了。

因此，不要犹豫，勇敢地扔一个吧，在漂流瓶以文字或语音的形式沉入大海的同时，你所能收获的效果可能超乎你自己的想象。

7.2 "捡一个"，"捞"到后和对方及时互动

作为微信营销中主动的一方，商家除了扔漂流瓶结交新朋友之外，还可以通过主动捡漂流瓶，和扔瓶子的人真诚互动，这样在一定程度上也能带来积极的营销效果。

大多数玩漂流瓶的人都是无聊的人，如果你捡到他扔出的漂流瓶后及时与他们互动，无论你推送什么内容，他们总是很乐意和你交流。有交流就有互动，只要保持一种热情，和他们聊天侃大山，等稍微熟络一点，你便可以和他交朋友，让他加你微信，这样你的第一步就算成功了。

切忌一上来就和别人聊你是做微信营销的，这样会令对方感到反感。可以先从对方扔出的瓶子入手，慢慢和他聊天，让他对你产生信任感，最好能让他添加你的微信。在这个过程中，你也可以主动添加他的微信，引导他主动回应你。在漂流瓶谈话中，你不必把所有目的都抖出来，循循善诱很重要。在成功添加对方为好友后，保持联系和互动也非常重要。

此外，捡瓶子虽然容易，也可以让商家主动和扔瓶子的人聊天，但一天之中能捡的瓶子是有限的，最多只能捡 20 次，也就是说商家只有 20 个添加新客户的机会。这要求商家要有极高的敏感度，在捞到瓶子后及时和对方互动，并且要进行有内容的对话。

说到底，初次互动除了要让对方了解你是什么人之外，你也要初步了解对方的喜好、职业、年龄等基本信息。当然，你也可以在对话的过程中稍微提示一下对方你是做什么的，第一次聊天不一定要打广告，也不一定不打广告，打不打广告、做不做营销要视情况而定。如果对方对你的职业反感的话，那么你最好避重就轻，少聊这方面的话题；如果对方对你的营销感兴趣的话，可以往这方面多聊聊，但也别聊得太过火，适可而止是最好的。

捞起一个漂流瓶，再和客户进行互动，这其实就像用微信其他功能添加好友那样，只是商家在这个过程中主动性更强，将对方添加为好友的可能性更大。当然，漂流瓶也有其局限性，就是不能无休止地"捡"，这也就限制了商家主动寻找潜在客户的机会。

7.3 漂流瓶刷广告，总有人会关注你

虽然微信漂流瓶对每天捡的次数有限制，但扔的次数却是无限的，只要你有足够的耐心，你可以在一天之内扔上千个内含推广信息的漂流瓶。一旦运用这种广撒网、多捞鱼的刷广告策略，你就不必担心，肯定会有人来回应你，这就好像在大街上派传单那样，尽管大多数传单会被消费者随手扔掉，但只要你的漂流瓶广告写得好或者你发的是一段甜美语音，就一定会有相当数量的人回应你。

当然，用漂流瓶刷广告除了讲究量，也是讲究营销噱头的。不管你销售的是什么产品，只要能抓住消费者的心理，一样都能成功。我们以奇瑞汽车“感恩四百万，新春聚划算”的抽奖活动为例。据不完全统计，奇瑞汽车在其官方微信上投递了共计30000个漂流瓶，旨在让更多的用户添加其官方微信号，成为公司的粉丝，这样更有利于奇瑞汽车及时推送最新产品消息给他们的粉丝以增加销售量。

奇瑞汽车扔出去的漂流瓶内容十分丰富，既说明了扔漂流瓶的目的，也告诉用户只要他们添加奇瑞的微信号、与公司互动，便有机会获得丰厚的奖品。

这种推广送礼的活动很诱人，奇瑞汽车也因此获得很多有效粉丝，因为只要添加“奇瑞汽车”，就有机会获得充值卡、iPhone 5等礼品。如果有用户捞到含“感恩四百万，新春聚划算”字样的漂流瓶，推荐奇瑞汽车官方微信便有机会获得30元手机充值卡。如果有用户捞到奇瑞装有促销口号的漂流瓶，同时在玩里面的小游戏时胜出，发送和官方微信互动的截图，他们就有可能获得一部iPhone 5手机。

奇瑞汽车的漂流瓶营销之所以取得成功，关键在于以量取胜，他们使用漂流瓶让更多人知道奇瑞在搞品牌推广活动。漂流瓶营销在一定程度上具有随机性，但是“感恩”一词往往是和随机性一起产生的，利用漂流瓶来做推广活动显得很合时宜，也没有突兀之处，而且因为漂流瓶的特点，它更适合做品牌推广，所以奇瑞汽车在这次品牌推广中得到了很多人的关注和回应，不但使感恩活动得以顺利进行，同时也收获了大量粉丝。

利用微信漂流瓶刷广告在一定程度上是不会被举报的，只要你发送的内容不违法，不违反规则就不会有大问题，所以商家可以尽情去扔瓶子，只是扔瓶子的时候要注意一下形式。你在做品牌推广活动的时候可能会与微信合作，让

对方辅助你修改漂流瓶的参数，使得瓶子被捞到的概率大大提高，但出现的概率高了，用户会因为反复看到相同的推广内容而产生反感，由此带来的效果只会适得其反。所以，用漂流瓶做营销时，要结合文字和语音等多种手段进行多样化推广，这样才不会让人产生反感。

7.4 学会无限次捞漂流瓶输送信息

尽管微信漂流瓶每天只能捡 20 个瓶子，超过这个数字，当天就不能和别的扔瓶子的人进行有效的互动。但出于商业的考虑，有时候商家会采取一些“作弊”手段，只要这些方法不涉及法律法规，基本上还是可行的。

网上流传着好几种可以无限捞瓶子的方法，用小号无限刷瓶子是其中最热门的一种方法，但如果是个人微信营销的话，商家要准备多少小号才能捞上几个瓶子，把自己的营销信息传递出去？因此，该方法只适用于品牌营销推广活动，对人多势众的公司比较有效。

另外，网上还流传着刷完 20 次瓶子后，将手机时间设为 23：59，然后再重启，这样就能再捞 20 次。这种方法被证明是不可行的，腾讯不是傻子，它有自己的时间设置程序，毕竟软件是人家设计的，不可能因为你的这点小聪明，导致自己设定的游戏规则失效。

因此，这种方法是不能用的。但是，只要有这种需求，就一定会有相关的解决办法，手机上有一款名为“八门神器”的应用，就是专门解决捞瓶子次数限制这个问题的。

首先，要把这款应用下载到手机里，然后在你用完当天的捞瓶子次数后，点击【我】里面的【设置】页面。进入页面后什么功能都不要动，再切换到新安装的“八门神器”里，选中微信，在搜索框里输入数字“38”，然后切换回微信界面，点击【设置】页面里的【退出登录】选项。这时候会弹出【关闭微信】、【退出登录】选项，什么都别选再切换回“八门神器”里，点击“清除搜索结果”按钮，然后继续搜索“34869”。等待 10 秒后，再修改为“34870”，5 秒之后再切换回“34869”这个数字，然后点击保存。此时，你再切换回微信界面，点击“退出登录”字样，同时选择右上角“切换账号”按钮，就可以用保存在“八门神器”里的小号无限捞瓶子了。

这个方法简单好用，“八门神器”其实就是一个游戏修改工具，只是现在用在微信上而已。如果商家能找到好用的方法去无限捞瓶子的话，一天下来捞到的瓶子、添加成功的好友比你直接在微信上大海捞针有效得多。所以，商家应该学会一些微信营销的技巧，避免自己在营销上走弯路，这样既能够提高效率，也能够增加新的潜在客户。

7.5 用漂流瓶输送图文消息

商家用漂流瓶对外发送图文消息，主要是为了对外宣传自己，增强互动。与朋友圈不同的是，漂流瓶并不能图文并发，要么选择发纯文字，要么选择发送语音，这在一定程度上限制了漂流瓶的功能，但仅是发文字或者语音就足以吸引绝大多数人的关注。

不以发广告为目的的瓶子更容易引起别人的关注，毕竟玩漂流瓶的人都是想结交朋友的。因此，如果你在瓶子里加一些富有人情味或者趣味性的话，自然就能吸引别人的注意。

下面我们以华科版微信校内流传的漂流瓶为例来说明这个问题。

华中科技大学的几名大学生开发了专属于其所在大学的校内漂流瓶。这款专属漂流瓶一经推出便获得了很大的反响和支持。仅在推广的三天之内，微信后台收到的信息就已达 4 万多条，这款漂流瓶受欢迎的程度可见一斑。不过，这款漂流瓶所回复的内容大多为男女交友或者吐槽等消息，可谓集娱乐与生活于一体。

商家在计划漂流瓶活动时，也可以仿效华中科技大学，研发一个专属于自己的漂流瓶平台，在现有顾客中进行调查，看看他们对什么感兴趣。这样的调查可以基于自己的产品，也可以基于用户与用户之间的互动，只要能在后台获取相关信息便可。

这样一来，漂流瓶就变成一个封闭的平台，用户可以在里面随便扔瓶子和捞瓶子，这对商家维护客户有好处。商家也可以在里面随时随地发布相关产品信息，以吸引客户关注。

需要提醒的是，扔广告类的瓶子时，频率不能太高，毕竟这是一个封闭的社交平台，如果一天发十几次，无疑会令顾客感到烦心，从而大大降低营销的效果。正确的做法是，适当利用语音来调节气氛，可以发送语音游戏或者文字游戏，这样能避免漂流瓶长时间沉在大海里让人产生的厌倦感和空乏感，从而引导顾客积极参与其中。

从某种意义上讲，漂流瓶的营销效果并不输给 LBS 搜索附近的人，起码商家能够采取主动，让别人看到自己的广告。一些大品牌在做推广时通常会和微信合作，让其修改漂流瓶被捞到的概率参数，增加该品牌漂流瓶的曝光率，从而促进品牌活动的推广，可谓品牌推广活动的利器。因此，商家应该抓住漂流瓶的营销特点，适时与微信合作，推广自己的品牌。

【案例解析 19】

过年快去捞瓶，GALAPAD 微信漂流瓶活动

最近几年，微信的火爆吸引了不计其数的商家利用微信进行营销推广，各大商家的朋友圈、二维码、LBS 定位等功能齐上阵，以吸引更多人的关注。但是，很少有商家想到用微信漂流瓶这个功能去进行品牌推广活动。

不可否认，漂流瓶在信息反馈的时效性上可能不如朋友圈、二维码，可漂流瓶一旦扔出后，所能得到的回应远远超乎你的想象。再加上玩漂流瓶的人大多是一些无所事事的用户，他们在捞到瓶子、看见里面的内容后，给你回应的可能性非常大。

漂流瓶还有一大优点，即它可以使用电脑网页版来登录，这样在扔出瓶子后就能及时在后台统计互动的次数与概率，得到准确的数据分析。这样一来，商家便可以通过数据分析来及时调整扔瓶子的内容、时间和字数等。如果输出语音信息比较受欢迎，那么商家也可以多发语音消息来助威。总之，用漂流瓶进行推广，形式可以多样化。

下面我们以 GALAPAD 微信漂流瓶活动为例。

GALAPAD 是影驰联合英伟达研发的一款平板电脑，其在新年期间推出捞瓶子活动的用意显而易见，主要是想推广自己的品牌，以获得更多的人关注。

用户参加活动的方法非常简单，只要登录微信漂流瓶，主动捞瓶子，在成功捞到 GALAPAD 扔出的瓶子后再回答对方设计的一些简单问题，就能获得商家准备的神秘礼品。欲知活动详情，可添加 GALAPAD 的官方微信号，从中了解相关信息并与朋友分享。

漂流瓶活动只是商家的一个营销噱头，其主要的目的是通过漂流瓶活动吸引更多人添加自己的微信号，以获取更多的潜在顾客。换句话说，漂流瓶只是商家的手段，添加更多的粉丝才是商家的目的。作为微商，你可以从这一案例中分享到很多经验。

在这次漂流瓶营销活动中，GALAPAD 可谓占尽了先机，他们利用新年这个有利契机，发布活动信息获取更多人的关注。或许，公司私下也和微信谈好了合作，让更多的人在活动期间捞到自己的瓶子。当然，用户捞到瓶子后所要回答的问题也不会太难，这样才能让更多的人得奖，从而保证活动更加有效地进行下去。

正因为有了这些铺垫，GALAPAD 才得以在微信推广中获得更多的客户参与。而客户也从中收获了礼物回馈，只要他们关注 GALAPAD 的官方微信，就能从中得到更多的信息，而且他们在将相关信息转发到朋友圈后，会吸引更多的人积极参与。这是一种很好的传播模式，在一定程度上结合了朋友圈的宣传功能，更有助于活动的成功举办。

由此可见，漂流瓶也是一种营销噱头。通过在官方微信里发布相关信息，让现有的粉丝知晓并转发到朋友圈，再利用朋友圈的分享功能将信息有效地发布出去，这样 GALAPAD 便在漂流瓶活动中事半功倍，获得更佳的推广效果。

需要注意的是，在做漂流瓶活动时，当对方捞到瓶子后，要及时与他们互动，不要让别人等到花儿都谢了，你才搭理别人两句。这是一种很不礼貌的做法，也有悖于微信营销的互动原则。尤其是在这种有奖竞猜活动中，你必须让对方对你产生信任，而产生信任最好的方法是什么？就是及时回复，热情对待每个捞到瓶子的用户，给予他们满意的答复。

记住，有时候一个细心的举动，也能成为你扭转乾坤的利器。所以，热情起来吧，你的活动会获得别人的热烈回应的。

【案例解析 20】

伊犁："橙色"微信漂流瓶，助阵消防创意营销

在互联网大数据时代，不仅商家利用微信来进行宣传推广，就连一些公众性服务体系也借助微信来进行宣传推广。身处祖国边疆的伊犁消防局就利用微信这个强大又有亲民性的平台来向广大市民建构起网络宣传的渠道。

首先，要建立自己的漂流瓶平台，并利用漂流瓶的功能在网络上招募一些有责任、肯担当的消防志愿者，让他们在网络上传播推送一些有关消防安全的知识以及消防动态，让市民保持对消防责任的警惕。有了推送和传播，市民自然会扔瓶子来咨询消防上的难题、弊端等他们不理解的地方，这时候消防局的宣传员和网络上招募来的志愿者就要第一时间解答市民的疑惑，这样才能做到双向互动。

通过这些前期的网络铺垫，伊犁消防局再次利用网络的便利性，掀起一阵"消防宣传"的狂潮。由于时值春季灾难多发期，伊犁消防局很贴心地向市民发出提醒，比如"春季是火灾高发期，时时注意用火用电安全；穿过浓烟逃生时，尽量要用浸湿的衣物保护头部和身体，捂住口鼻，弯腰低姿前行；大火封门无法逃生时，可用浸湿的毛巾衣物堵塞门缝，发出求救信号等待救援"，再比如"一旦家用电器出故障，一定要及时维修，千万不能让电器带病工作"等实用的提醒信息。市民看见这些提醒后，也可以通过漂流瓶来向伊犁消防局提出他们的疑惑和自己的一些看法，以实现和他们的互动。

当消防宣传员和网络志愿者收到疑问后，会耐心替他们解答。由于工作人员的办事效率很高，再加上态度热情，市民们的漂流瓶像洪水般涌来，给消防局带来一场"橙色风暴"。

这场"橙色风暴"也让伊犁消防局意识到，绝大多数市民对消防知识一知半解甚至极度缺乏，他们不具备完善的消防知识。而通过组织这次活动，不仅很好地向市民宣传了消防知识，还教会他们通过拨打 96119 电话向消防部门举报那些消防安全违法行为，互相监督。

这次消防活动的重点是向群众宣传家庭防火知识，举报周遭的消防违法行为，从而做到杜绝后患，同时让市民学会如何在灾难中保护自己以及家庭财产，不致损失太过惨重。

对于此类宣传，以前多侧重于派发宣传单或是在社区出黑板报，这种做法并不能真正落实到每个人身上，现在这种漂流瓶活动能够在更广泛的人群中宣传，让市民们能够主动去了解消防知识，去关注消防动态，做到"人人关注消防、人人参与消防、人人学习消防、人人支持消防"，营造学习消防知识的良好氛围。

漂流瓶在这方面的应用可谓卓有成效，因为它本来就具有游戏体验功能，扔瓶子和捞瓶子这两个过程就是一种简单体验，扔出瓶子后得到别人的回应也是一件令人愉悦的事情，谁都想自己扔出去的瓶子能够让别人看见，然后得到别人的回答，这样不仅能交到新朋友，也能体验一把游戏的乐趣。

这是漂流瓶活动之所以成功的原因，也是商家应该把握的一点。只要把握住这一点，同时在获得对方回应后及时与客户保持互动，就能让他们对你产生情感上的联系，从而添加你为微信好友。

伊犁消防局的创意营销在整个活动过程中得到了许多人的回应，除了活动本身具有公益性之外，更重要的原因是市民能从中学到对自己有利的东西，而且自己提出的问题也能得到有效解答，这样才能调动市民参与活动的积极性，使他们主动回应消防局的宣传活动。

伊犁消防局的漂流瓶“橙色风暴”给别的城市做出了榜样。此后不久，云南昭通消防局也效仿伊犁消防局，利用漂流瓶给昭通的市民普及消防常识，也取得了很好的反响。

这也说明，漂流瓶作为推广宣传的工具，是切实有效的。商家在推行公益活动的过程中也可以借机插入自己的产品信息，让更多的人看见，从而让更多的人关注你的品牌。

【案例解析 21】

招商银行：微信银行实现“指间金融”梦想

自从微信 5.0 发布以来，各大银行看到微信的发展前途，立即抢占先机，推广自己。等到微信 6.1 时代，他们对微信的应用可谓到了炉火纯青的地步。

可以预计的是，作为一个注册用户有 6 亿的庞大软件，移动端口的长尾流量将会在这里转化，也就是说，商家要抢占新一轮的流量的话，就必须掌握微信的主动权。

其中，微信支付功能对金融机构尤其具有吸引力。现如今，微信已成为许多人生活中必不可少的社交软件，而微信所提供的“微理财”也给互联网金融提供了很大的发展空间。毫无疑问，“微理财”会成为众人关注的焦点，所以众多金融机构都利用它来做好微信推广。

利用微信平台做营销已经是业界的共识，也是最具成效的事情。对于金融机构来说，微信支付是他们最为看重的一项功能，金融机构在投资理财方面有着灵敏的嗅觉，因此原本单一的微信银行应用范围也扩展至将借记卡和信用卡整合在一起的综合性服务，不再是单一的信用卡服务，大大满足了客户的需求。

为了让更多的人关注自己的品牌，金融机构看上了漂流瓶的商机。最早运用该功能的要数招商银行，他们与腾讯合作，举办了“爱心漂流瓶”活动，让微信用户在捞瓶子的时候捞到招商银行的漂流瓶的概率更高，同时被加为好友的概率也随着增加。

客户在捞到招商银行的瓶子后，会得到简单回复，之后招商银行会将这些积分提供给一个自闭症儿童机构，给予他们帮助。据不完全统计，在捞瓶子的活动中，用户每捡到十个瓶子就至少有一个瓶子是专门为招商银行的活动打造的，这为招商银行在后续的微信支付推广活动中打下了良好的基础。据招商银行微信平台的统计资料显示，此次活动中有超过 120 万的客户绑定了招商银行信用卡的微信平台，活动取得了很好的反馈。

招商银行也是第一个提出微信银行模式的金融机构，在招商银行的示范下，其他金融机构也在积极寻求微信银行的切入点，以便给客户带来更方便、更快捷的体验。

不过，就目前来看，金融机构提供的银行服务仍处于很传统的阶段，大多是给客户提供查询、即时消费通知等最基本的服务，虽然微信银行也在不断升级，比如新增了转账、代缴各种杂费、投资理财产品等功能，但这些功能还不够完善，如果真的要利用微信这个网络社交平台去推广自己的品牌，就需要充分挖掘微信银行的许多功能。

尽管如此，金融机构提供的微信银行服务还是得到了许多顾客的青睐。据招商银行的工作人员介绍，"微信银行充分利用互联网的便捷、个性化特性，覆盖了更广阔的服务范围，为客户提供体贴入微的用卡体验。"

而且，微信银行也提供在线智能客服，用户如有任何问题可以随时提供解答。这种在线实时解答一点不输银行实体网点，给客户带来了极大的便利。

客户在初次搜索到微信银行后，只需输入身份证号或者银行卡号，再用密码登录就能享受到微信银行提供的各种金融服务，非常方便快捷，而传统的网银需要通过重重验证才能查询到卡里的信息。微信银行在一定程度上简化了网银的烦琐程序，极大地优化了客户的银行体验，便捷了人们的生活。

微信银行还有许多贴心的服务，比如"网点查询与服务预约"就深得人心。人们通常都不愿在银行里等太久时间，而微信银行的这项服务除了可以查询附近银行网点外，也能看到银行网点内的排队情况，让客户及时做出预约，以免到了银行后在那里等候太长时间。

未来，微信银行的研发和服务将会更加多元化，这不仅是因为腾讯财付通在金融行业里的布局，也是金融机构在未来政策上的侧重点所决定的。

移动金融服务必定是未来金融机构抢占的重点，只有这样金融机构才能在移动端有所作为，不被潮流大势所遗忘。所以，未来的微信银行应用将会更加生活化、智能化，而财付通也会更加积极地配合金融机构的发展，在信息化领域进行重点建设。这其中包括金融理财产品的推广，如果在线销售的话，可以为客户省下大量的手续费和其他名目繁多的费用。如此一来，这些传统的金融机构才能在理财产品中发力，和许多新兴的金融平台一决高下。

微信银行的应用，无非是让广大用户便捷地使用银行提供的各种查询、转账、支付、代缴等服务。事实上，微信银行的推出在很大程度上就是旨在为用户提供金融服务便利，从而实现"指间金融"的梦想。

第8章

微信游戏：寓营销于娱乐，植入信息无限放大

作为一个社交平台，微信的娱乐功能不可或缺。而说到娱乐，要数游戏最能消磨时间。微信里的小游戏非常多，其中不少是根据时下热点开发出来的，游戏简单过关容易。而游戏开发也早就成为各大商家开展营销活动的阵地。

8.1 软植入品牌信息，用户更易接受

微信虽然已成为各大商家进行营销推广的重要阵地，可无论大品牌还是小品牌的微信营销都会令许多把微信当作一个社交娱乐平台的用户心生厌恶，这是腾讯不愿意看到，也是极力要制止的。那么，商家怎样在这块潜力无限的土壤上为自己的产品或服务做广告呢？

答案是软植入！2014 年巴西世界杯期间，有商家借力世界杯，在自己的官方微信上设计了许多游戏小插件，只要扫描商家微信的二维码便能参与踢足球赢大奖的小游戏，凡是 1 分钟内排名前 30 名的都能到商家处领取世界杯足球服一件。而且商家还设置了游戏互动与分享环节，只要将这个小游戏转发到朋友圈，商家的营销目的就基本上达到了。

这是一种传播途径，值得其他在微信上做营销的商家学习。微信游戏在营销传播里只是一种手段，是为了软植入品牌信息所做的一个幌子，也是为了吸引更多的用户关注自己品牌所做出的战略部署。事实证明，在微信游戏里软植入广告不但成本低，而且能给商家带来很高的效益，是推动商家业绩翻倍的利器。那么，软植入广告都有哪些方式呢？

植入小游戏无疑是当下最流行的。这个年代人人都爱娱乐，尤其爱有奖品的娱乐，商家设置小游戏时往往也会设置奖品，这些奖品是吸引用户参与的必要条件。如果你想在微信上做营销，也应该学习这种简单而有效的软植入方式，让用户更容易接受你的营销意图。

除了植入小游戏，软植入还有许多方式，例如文本图片植入。这种模式说白了就是软文模式，给你的企业、产品写一篇文章，然后在里面巧妙地插入公司的 logo、水印等具有高辨识度的事物，这样别人在看文章的时候也会对你的公司品牌有一定的印象。

舆论热点式植入也是常用的软植入方式，而且极易吸引人的眼球，商家可以根据热点人物的特征，针对性地插入自家品牌，从而达到让用户关注你的效果。

此外，还有段子植入。商家可以找一些幽默、有趣或者有深度的段子，然后植入自己的广告，从而让用户在捧腹大笑的同时接受你的品牌。例如，你可以利用网络上很流行的“小明，你可以滚了”搞笑漫画，根据自己的品牌来

玩坏小明。如果你是做服装销售的，可以给小明穿上各种你旗下品牌的衣服，从而创造出一系列令人捧腹的笑话。这效果绝对比你直接在朋友圈里天天推送品牌信息更受欢迎，也更有效果。

在所有的微信软植入广告中，插入小游戏似乎是最受欢迎的一种。绿源电动车为推广自己的新车型，就主动在自己的官方微信里插入小游戏，让用户粉丝一次玩个够！

由于小游戏是完全针对绿源自主研发的新车型设计的，所以整个游戏从头到尾都有绿源电动车的新车型、公司 logo、企业文化等有效信息，用户玩一轮下来就能清楚地知道绿源电动车此次品牌推广的目的是什么。而且绿源设置的奖品非常诱人，抽奖信息也在第一时间予以公布，这让整个抽奖活动做到公开公正，使用户对绿源产生了信任。在这一活动中，绿源不但将自己的品牌信息无限放大，也让用户更容易接受他们的推销意图。

要做好微信营销，你不仅要懂得传统的营销手段，还要学习新的品牌推广手段。微信小游戏就是一种操作性极强的品牌推广手段。最关键的一点，植入小广告的成本远比你大肆卖广告低得多。因此，学会用微信小游戏植入品牌信息，能够为你的营销带来新局面。

8.2 互动界面与实时热点结合，用户更易参与

利用微信小游戏吸引用户眼球的第一个目的当然是悄无声息地植入自家品牌，让顾客更容易接受你的营销推广，而且顾客要想玩你的游戏，就必须先扫一扫你的二维码，成为你官方微信号的粉丝，才能玩游戏赢奖品。通过微信小游戏的植入，你不仅得到了粉丝，还将自己的产品推广出去，可谓一举多得。

微信小游戏的好处大部分商家都知道，但市场上流行的小游戏很多，商家怎样才能从如此多款游戏中脱颖而出得到用户的青睐呢？答案是在互动界面上添加时下的热点事件。

添加热点事件必须注重时效性。微信小游戏有时候就是为热点而生，例如 2014 年世界杯期间，很多微信商家推出自己的小游戏，以吸引用户添加自己的官方微信号，成为自己的粉丝。这些小游戏一般都有很强的趣味性，而且参与方式简单，能够很好地调动用户的积极性，使其参与其中，尽情享受微信小游戏的快乐。

龙虎网是一个专门报道南京市热点新闻的网站，该网站本身就是一个时事热点。为了吸引更多的人关注自己的官方微信号，龙虎网特地推出了一个微信小游戏，每天都在官方微信号上推送一张有关南京景色的照片，只要关注的用户猜中图片的出处，就有机会赢得龙虎网事先准备的奖品，和龙虎网产生互动。

龙虎网推出这款小游戏后，便可以结合南京市当天发生的热点，酌情选择一些图片发送到官方微信号上，这样既能吸引用户的参与，又能增加与用户的互动。而且龙虎网这样做能够让用户实时了解南京市发生的热点，并不违背初衷。

事实证明，在微信小游戏的互动界面加入实时热点很重要。人们总是倾向于相信自己熟悉的事物，实时热点能让他们产生认同感，并激发起他们的热情。KK 微信小游戏正是利用人们的这一心理，不定时推出许多心理测试小游戏，让用户产生兴趣，从而积极参与。

《星际穿越》是 2014 年很火爆的一部美国电影，很多人前往影院观看。KK 小游戏借此机会推出心理游戏测试——“测测你是星际穿越里的谁”，并将其摆在互动界面的首页，以吸引热爱此电影的观众进去测试。在这个测试中，商家无一例外都植入了广告 ，虽然手段不算高明，但观众却很受用。至于广告的点击率如何，则要看标题是否吸引人。

别小看这样一个小游戏，商家如果运营得好的话，能够在短时间内被用户疯狂转发，达到朋友圈刷屏的效果。实时热点新闻是最具时效性的，2014 年推出的一系列小游戏，诸如《围住神经猫》、《全民找房祖名》就是根据热点改造而成的，效果非常明显，推出一小时后游戏的转发量就达到几百个 G。这是一个恐怖的数字，也是让商家垂涎的数字，因为转发量越高，曝光率也就越高，由此带来的是销量和收入的双丰收。业绩对于商家的重要性毋庸置疑，因此在互动界面里加入一些时效元素显得很有必要。

不过，微信平台的开发者对这种病毒式的传播似乎并不满意，由于微信小游戏的长期刷屏使得用户的体验值降低，腾讯公司曾誓言要封杀那些弹屏式引导客户点击他们的游戏并转发的官方微信号。所以，商家在软植入广告信息时，要充分考虑到用户的体验以及腾讯微信团队的警告，尽量避免设计这种弹屏式的广告来强制用户体验。在推广自己品牌的时候，遵守开发者提出的规定非常重要，这可以避免你走进一些不应该走的雷区。

8.3 给予诱惑性价值，激励用户参与

仅仅设计一个小游戏，然后让用户去体验，或者去点击你软植入的广告还不够，商家做微信小游戏的目的有很多，让粉丝扫描二维码添加自己的官方微信号是第一目的，也是商家必须要实现的目的，不然怎样去推广自己的品牌？

当用户成为你的粉丝后，他会主动去玩你的微信小游戏。用户为什么会添加二维码成为你的粉丝？很大程度上是因为你的游戏吸引了他们，因为他们玩过游戏后有可能获得你提供的奖品，有实质性的奖品奖励，他们自然会玩得更high。如果你的小游戏体验性强，能带给他们轻松和快乐，他们自然会主动分享你的小游戏，这样你的品牌便能得到推广。所以在开发游戏时一定要设置奖品，这样用户才会更加热情地关注并参与其中。

2014 年世界杯期间流行的小游戏“怒射吧世界杯”便为用户提供了丰厚的奖励。该游戏承诺：在游戏中排名前三十名的用户，将有机会得到商家提供的世界杯足球服一件。这个奖励吸引了大量用户参与。游戏第一轮结束后，商家并没有立即公布比赛结果，毕竟在线参与的人太多，不可能立即统计出结果。而商家则可以利用这个机会，名正言顺地收集参与者的信息，为自己的客户资料库提供基础数据。

积累客户的原始资料也是商家推广微信小游戏的目的之一。有了这些基础资料，你便能在后台分析大量有意义的数据，比如参与这个小游戏的顾客处在哪个年龄段，男生多还是女生多，等等。根据这些基础资料，商家可以制定下一阶段的战略方针。所以，不要小看数据收集工作，它能帮助你做更多更长远的品牌定位工作。

站在顾客的角度来看，只要你能够给他们带来良好的体验，只要你承诺在收集他们信息的时候不泄露他们的信息，他们还是很乐意把自己的基本信息提供给你的。

我们以青岛纯生为例。青岛啤酒是著名的啤酒品牌，就算你不喝啤酒，青岛纯生这个品牌你也一定听说过。在看世界杯期间，很多人都会喝上几瓶啤酒助兴。为了借机推广自己的品牌，青岛纯生特意开发出一个小游戏插件——“足球预言秀”，其实就是一个“互动有奖游戏”。该游戏结合实时热点，为用户提供奖励，只要他们猜对青岛纯生的问题，比如哪支球队会在比赛中获胜等

竞猜问题，便有机会获得青岛纯生推出的奖品，可能是啤酒，也可能是其他奖励。通过设置这些奖品，再加上实时热点的推动，极大地吸引了用户的参与。

这正应了营销学上常用的一个原理：免费的东西谁不喜欢？因此，商家尽管大胆地去宣传自己的品牌，通过游戏的软植入效果会更好。

8.4 排行榜激励二度参与，引导用户分享

商家开发一个游戏插件，肯定不希望用户只玩一次就腻了，或者让用户玩一次便永久关闭这个游戏页面。即使是根据实时热点开发出来的游戏也有一定的时间寿命，可以在很长的一段时间内得以传播，这样商家开发小游戏的目的才得以实现。那么，怎样让用户玩过一次后继续停留在页面呢？答案是搞游戏排行榜。

一般情况下，用户玩游戏只有两种情况：一种是排名靠前的，一种是排名靠后的。排名靠后的用户如果对你的游戏和提供的实质性奖励感兴趣的话，会继续进入页面玩第二次，直至玩尽兴了，他们觉得这个游戏有意思，就会主动将游戏分享出去。如果一开始排名就很靠前，那用户会毫不犹豫地转发到朋友圈，向自己的朋友炫耀一下。此时，你可以在分享界面中适当地插入自己的广告或是其他加盟商和广告商的广告，这在一定程度上推广了你的品牌，毕竟只要用户转发你的小游戏，它就有继续被转发的可能。即使转发你游戏的用户的朋友圈里只有 10 个人，只要其中 1 人看到并点击进去玩了，他就有可能传播转发出去。这样在朋友圈里无限传播、叠加下来，你在后台统计数据里就会发现效果惊人。而且，被转发的不仅是游戏结果，你穿插进去的广告也会被同时曝光，从而达到你的目的。

微信公众号上也有许多微信游戏平台，用户只要添加其公众号便能进入页面，参与商家提供的游戏。这些游戏通常都会插入广告，同时会设置排行榜，以方便用户将自己的游戏推广出去。网上有一款小游戏《超级头脑王》就是根据江苏卫视《一站到底》改编而成的，该游戏是一款问答类游戏，也是微信上首款问答类游戏，它提供三种不同的问答方式，将教学植入娱乐当中，所以在微信圈里火了很长一段时间。用户通常也乐意玩这类游戏，因为它不仅可以增长知识，同时也放松了自己，是用户等公交车、坐地铁时的必备良品。

一款游戏要想存活下去，就必须有足够的吸引力。那么，如何才能让你的

游戏更有吸引力呢？答案是设置游戏排行榜！当用户玩过一轮后，他们可以在界面上看到自己的排名。如果他们觉得有趣，自然会将其转发到朋友圈，让更多的人知道。而且，商家在设置游戏玩法时通常会将其设置成一个循环体系，用户很可能会玩上瘾，因为这种游戏一般不会很难，娱乐的性质更强，这样才能引导用户进行二次参与，循环不断地进行下去。

这是一款游戏被开发出来的生态，如果不涉及实时热点的话，游戏会永远生效，商家便能根据游戏的属性、受众等作出及时调整，使得你的游戏永葆青春，同时也能在游戏当中推广自己的品牌，在节省成本的同时也能得到有效粉丝。

8.5 设定优先的游戏机会，获取更多关注或分享

在营销推广时，欲擒故纵是一个很好用的策略。联系到微信小游戏，就是设置游戏参与次数的限制，例如你开发一款类似于“连连看”的小游戏。众所周知，这种简单、易操作的游戏很容易上瘾，如果你希望在游戏中植入自己的品牌广告，那么设置游戏参与的次数是最好不过的方法。

你可以将游戏参与的次数设为5次，当用户用完5次机会后，你可以在界面中弹出一个对话框，上面写道：“你的参与机会已经用完，如果想继续参与的话，只需关注我们或者将这个游戏分享给朋友，即可获得2次游戏机会哟!”这样一来，用户为了继续玩游戏，便会主动关注你或者将你的小游戏分享给朋友。无论他们选择哪一种方法来获得继续玩游戏的机会，你制定这个策略的初衷都能实现，不仅能获得新粉丝，还能推广自己的品牌。这就是欲擒故纵策略的应用。对于熟悉营销推广的商家，这种小策略其实并不难。

我们以在朋友圈很火的“繁体字测试”为例。这是一种典型的欲擒故纵策略，游戏页面的设置很简单，就是不断变换繁体字，只要你正确选择某个繁体字对应的简体字，便能进入下一个字，如此反复，直到你出错为止。当你出错时，游戏界面会弹出一个选择框，让你选择继续玩下去还是将自己的成绩分享出去。对于这两个选择，如果想继续玩下去，就要关注该游戏的官方微信；如果不想继续玩下去，用户一般都会将自己的战绩分享到朋友圈，让朋友圈里的朋友都知道有这样一个好玩的游戏。

世界杯期间，商家开发的踢足球小游戏同样属于这种情况。为了让用户持

续参与踢足球的游戏，商家在游戏里设定：玩 3 次之后要么添加他们的官方微信号成为其粉丝，要么让用户将游戏分享到朋友圈，这样才能获得余下的 2 次参与机会。由于游戏设有礼品奖励，所以许多用户都很顺从地选择二者中的一个，然后继续把余下的两次机会用完。

这无疑是商家乐见的，也是商家预期要达到的目的。通过用户的这一轮选择，商家不仅多了粉丝，同时还将自己的游戏推广出去，实现大范围的传播。

微信小游戏之所以受欢迎，一定程度上要归因于游戏的娱乐性。除了娱乐性外，商家提供的奖品对用户而言也是一大诱惑，能够充分调动用户的参与热情。商家会通过各种手段促使用户心甘情愿地将自己精心设计的游戏分享出去，一旦有了有效推广，商家的微信游戏自然会在朋友圈里火起来。随着参与者的不断增多，商家的推广目的最终便能实现，销量也随之增长，而投入的成本其实只是游戏的研发费用，这大大低于让他们满大街派传单、贴广告的成本。用最低的成本做最有成效的事情历来是商家追求的目标，而微信小游戏的研发和推广能够很好地实现商家的这一目标。

毫不夸张地说，微信小游戏就是专为微信推广打造的一种全新的营销手段。商家若想继续吸引更多的用户关注自己的话，就必须熟练地运用微信小游戏这种推广手段。结合实时热点来设计微信小游戏，软植入品牌信息也是一种很不错的销售策略。

【案例解析 22】

指尖世界杯：脉动软广告，月销售增加 1 倍

脉动作为饮料业销售的奇迹，在 2003 年市场低迷时逆势创造出巨大商业价值的成功案例已经被营销界许多企业津津乐道。回顾这十几年间，脉动的销售量并没有减少，其在饮料行业中的市场份额依旧不容小觑，这与其自身的市场定位密不可分。

2014 年世界杯为脉动提供了一次很好的营销机会，而脉动也不负众望，借助时下最火的微信平台来进行营销推广，一下子将月销量提高了近 1 倍，令人艳羡。那么，脉动究竟借助什么招数，再次引爆人们对该品牌的热情和关注呢？答案是微信插件小游戏！

先来看看脉动在世界杯期间利用微信小游戏取得的宣传效果，这些数据肯定会吓你一跳。在脉动推出一款名为“坑下家足球”的小游戏之后，2 天之内便有 5 万名用户参与，结果是 1.5 万次转发分享，粉丝数猛涨 8000！如此高的

关注率，你一定以为脉动在这次活动中掷下重金。其实，此次活动的固定成本仅为750元，包括微信插件的制作费300元，奖品的成本450元。

仅投入750元的成本就使得销量倍增，官方微信号的曝光率也大幅提升，真可谓事半功倍。那么，作为活动主办方的脉动公司，是如何成功地运作这样一起营销事件的呢？

首先是研发出一款结合实时热点，同时兼具趣味性的游戏。游戏设计可以请第三方设计公司，也可以借助公司内部的力量。总之，只要能设计出符合世界杯主题的游戏即可。

游戏设计出来后便是上线，这时脉动已经对外宣布此次活动的安排了。用户要想参与游戏并赢得奖品，首先必须扫描官方二维码，成为脉动的粉丝。

此外，脉动还规定：参与者在1分钟内成为进球前30名的用户便能获得其提供的世界杯足球服一件，得到礼物的参与者必须到商家指定的地点领取。

为了和用户有更多的互动，脉动还专门安排了一些互动小环节，比如用户如果想获得更多的游戏参与机会，必须将脉动设计的该款游戏分享到朋友圈，让更多的人参与。这也是推广自己活动的方式之一，而且成效非常不错。

脉动的这次微信推广活动，有很多方面值得我们学习和借鉴。例如，在一开始点击进入脉动的游戏页面时，屏幕上会出现“点击我关注我”的字样，而且页面上也有一些品牌广告信息和合作商家的信息，这些都是软植入广告的手段。用户更关注的是游戏的玩法，所以对这些信息并不会感到反感，相反还会主动去关注脉动的官方微信号，因为只有这样他们才能参与接下来的游戏。

此次活动也是基于世界杯全民热设计的。用户总是对时事热点感兴趣，商家抓住这种心理设计了该游戏，而且游戏的模式很简单，也很有趣，所以能够吸引用户踊跃参与。在游戏中，商家还适当植入广告，如果用户感兴趣的话，随时可以点击进去了解详情。这在某种程度上起到了宣传推广的作用。

游戏结束后，脉动为了收集用户的基本资料和信息，弹出了一个页面，该页面向用户发布了引导性的信息——“如果你进入我们的排行榜获得产品的话，那么请事先留下你的用户信息，我们会尽快通知你”，以此引导用户留下他们的姓名和联系电话。而且在留下信息之后用户还可以继续玩下一局游戏，这并不妨碍该游戏的娱乐性。

用利益价值引导用户，引导他们继续参与游戏是脉动此次活动取得成功的关键因素之一。除此之外，排行榜的运用也是让脉动能够将这个游戏极大地分享出去的原因。

脉动在排行榜界面中植入别的产品品牌广告，使用户选择再玩一次还是分享出去。如果用户选择分享出去，那么脉动的插件小游戏便能在朋友圈继续被推广，被更多的人认识，而脉动这个品牌也能被更多的人知道。如果用户选择再玩一次，那也没机会，因为脉动事先设定好了游戏参与的次数，一旦次数用完，用户必须把游戏分享到朋友圈，之后才能获得新的机会以继续玩下去。这也是脉动设计这个游戏的巧妙之处，无论用户怎样选择，只要他们对游戏有持续兴趣的话，将游戏分享到朋友圈是迟早的事情，只要被传播、被分享，那么品牌得到曝光的概率便会大大增加，这也是为什么脉动能获得成功的原因。

【案例解析 23】

微信助力游戏营销，昆仑公众账号粉丝轻松过万

在了解昆仑公众号为什么成功之前，首先要对昆仑公众号有一个初步了解。

昆仑公众号其实是昆仑万维游戏网站下的一个品牌——昆仑在线。简言之，这是一个网络游戏公众号，该公众号在成立伊始，粉丝便轻松过万，成为该行业微信公众号运营的领跑者。那么，究竟是什么原因使得大量用户争相成为他们的粉丝呢？

身处大数据时代，一切行业都发展迅猛，从互联网到移动客户端的发展也不过短短几年的时间，商家要想生存下去并获得成功，就必须抓住瞬息万变的发展机遇。微信公众平台的推出更是对传统互联网行业产生了巨大冲击，商家必须与时俱进，把握微信公众平台的时效性、准确性，及时和用户互动，这样才能得到更多的发展机会。

昆仑在线正是基于移动互联网的特点，为运营自己的公众平台制定了一系列策略，极大地提高了用户黏性，成为行业里的佼佼者。

微信平台的运营和微博的运营有很大不同，这一点昆仑在线官方微信的运营人员早就知道。该网站的微信运营经理曾经说过："用户只有真正喜欢你在公众号里推送的内容才会加你的关注，所以尽量不要推送那些无聊、毫无实质意义的信息。"

游戏行业有个行规，玩家想要什么，商家就应该投其所好地推送什么。抓住用户的基本需求，从而赢得用户关注，这很重要。

微信游戏兼具互动性和娱乐性，实时便捷的沟通对玩家和平台开发者而言非常重要。在《绝代双骄》游戏公测期间，昆仑在线的平台工作人员在后台和玩家及时沟通，第一时间获得玩家的评测反馈，然后及时解决玩家在游戏中

遇到的问题，大大提高了沟通质量，办事效率也一并得到提高。这对双方来讲非常重要，沟通质量提高了，工作人员便能尽快解决游戏公测中发现的问题，为尽快解决问题赢得时间。问题解决得越及时，游戏正式上线越快，玩家享受到的体验就更多、更丰富，最终的结果是游戏被推广的概率越大。

其次，游戏种类的丰富程度也是决定用户是否对你的公众平台感兴趣的重要原因。与别的渠道相比，微信推广宣传的精准度要高得多，这也增强了用户和玩家的互动性，昆仑在线也因此获得大量的粉丝。

不仅如此，昆仑在线还借助微信的强大功能，降低游戏参与难度，同时丰富游戏参与的形式，增强游戏的趣味性，从而极大地激发了用户的参与热情。这也是增长粉丝的利器，在手游上，用户更倾向于那些易于上手、难度不是很大的游戏。当用户体验提高了，他们真心喜欢你的游戏平台，自然会关注你。

除了新游戏上线外，昆仑在线还持续改进《三国风云 2》、《绝代双骄》等老游戏，这也是维护老顾客、吸引新顾客的重要手段。为改进用户体验，帮助他们解决游戏中遇到的问题，昆仑在线专门成立了客服部来解答用户的问题，这无疑提高了效率。

昆仑在线本身就是一个品牌，将自己的游戏推广出去就相当于将自己的品牌推广出去。因此，他们不用考虑太多，只要在后台尽力做好游戏的开发和维护，为用户提供最好的体验就可以了。当然，也不排除通过策划大型活动来进一步推广自己。只是很多时候，商家只要用心做好基础性的工作，多从用户的角度考虑问题，便能收获很多意想不到的效果。

【案例解析 24】

微信广告转型小游戏，神经猫等游戏或被延伸

微信从一开始作为纯粹的社交软件，发展到今天遍地是广告的营销软件，所用的时间并不长。如今，微信营销由于广告泛滥，已经引起很多用户的反感。在这种情况下，如何让用户心甘情愿地点击自己的广告并转发出去，这是每个商家都面临的难题。

微信广告业务上线后，很多订阅号的订阅量都超过 10 万、月收入在 1 万元以上。这还是一些普通的订阅号，经营得好的订阅号，日收入可达 5 万元。

未来微信有关广告接入的门槛将会降低，订阅量很可能从 10 万降到 5 万，甚至从 1 万降到 500，同时微信团队也在想方设法推出一些新的内容，让流量主尽可能通过公众平台的订阅来增收。保守估算，目前微信的广告总流量已经

超过 1 亿。

“广点通”是腾讯公司推出的效果广告系统，其通过将广告引入游戏的模式获得了不少流量。在这些广告转化为游戏再被转发出去后，所获得的微信转化效果为千次展示可得 5 元收入，这大大高于同行业千次展示只得 1 元收入的平均水平。而且在微信注册的广告主人数已经突破 18000 家，这个庞大的数字还在不断增加。商家越多，就证明引流越多，广告收入转化成游戏再传播转发出去的收益也越多，所以在微信平台中做营销推广的前景非常广阔。

商家能够将广告转化成其他方式发送传播，这在很大程度上得益于腾讯微信团队的多元化广告形态转变。要知道一个生态圈子能否可持续发展，最重要的是看其发展潜力和发展模式，模式越多样化，圈子越丰富，所带来的收益和报酬也就越多。广告形式从最初的文字链接到现在的图文、卡片广告，还有将链接植入游戏等软植入模式，以后会更多地出现。

让消费者心甘情愿地接受广告，是商家转变广告形式的内在动力，同时也决定了未来丰富的发展前景。南京泥巴怪网络科技有限公司结合当下热点开发出的“围住神经猫”游戏便是一个值得借鉴的经典案例。

这个游戏类似于五子棋的玩法，只不过把棋子换成一只表情滑稽、欠揍的白猫，这种表情激起了用户的争胜心，同时又结合了当下的时事热点，所以该游戏一上线便获得了超高的转发率。作为腾讯旗下的广告推广平台，“广点通”自然从中发现了商机。也正是由于“围住神经猫”的出现，使得基于微信传播的 HTML5 游戏大红大紫起来，最终使得许多小广告都通过软植入的形式出现在游戏界面中，为广告卖家带来高于平均水平的收益。

可以预见的是，未来微信广告会陆续扩展到游戏、资讯等具有娱乐性、实质性的内容，提高流量的转化率和商家的收入，也可以根据商家的行业特点，分析他们的潜在用户，将一些有用的资讯推送给他们的用户，以增强广告和内容的匹配度。这些做法不仅能为商家带来收益，也能提升用户的体验，从而实现微信广告的可持续发展。

不过，需要注意的是，微信广告接入 HTML5 游戏也存在很多问题。由于这些游戏是针对时下热点开发出来的，如果不能及时转化为游戏传播出去，势必错过流量最大的时期，所以必须敏锐地抓住时事热点，第一时间开发出相关游戏，这样才能赢得市场和用户的心。

第9章

微信红包：“抢”在攻心，抢红包实为营销“糖豆”

微信红包无疑是微信营销里的糖衣炮弹，在打败支付宝红包后，微信红包又是怎样攻下用户的心的？微信红包仅仅是通过发红包来吸引用户注意的吗？答案显然是否定的。接下来，我们将介绍如何借助微信红包来进行营销。

9.1 简单的力量：操作好三个步骤

微信红包大红大紫也仅仅是 2014 年年初的事情，但就是这样一起"意外"，使得微信只用了 2 天时间，便把支付宝做了 8 年的事情毫不费力地拿了下来。

通过在新年前夕推出"微信春节红包测试版"，微信在 2 天的时间内绑定的个人银行卡超过 2 亿张，着实令人咂舌！腾讯这回玩的是资本。试想，如果在这绑定的 2 亿张银行卡里有 30% 的人派发 100 元的红包，那便能形成 60 亿的资金流动。如果延期一天支付的话，按照目前民间借贷 2% 的利息计算，每天约有万分之七的收益进账。保守估计，每天沉淀下来的资金便有 420 万元左右。如果有 30% 的用户没有选择直接提现，那么这些账户可以产生 18 亿的资金沉淀，而且还不会产生利息。

一家银行如果要发展这么多的用户需要投入多少时间和成本，这是一件不可想象的事情，但腾讯却通过如此简单的一个应用，便将 2 亿张银行卡绑定，这其中可能也包括你和我。

派发和抢微信红包的步骤都很简单，也正是因为简单才造就了微信红包这个神话。派发红包只需要三步，一是填写红包信息，二是微信支付成功，三是发送给好友或微信群。只需要学会这三个步骤，你即可玩转微信红包。

那么，这些信息在微信哪个地方能找到呢？只要点击首页【我】→打开【钱包】→点击【微信红包】，选择你要派发的红包类型、派发的红包数量和金额，并写好你想送出的祝福语，再通过微信支付，你的红包就算是包完了。

接下来便是派发红包了，包好的红包可以单独派发给微信里的某个好友，也可以直接派发到群里，让群里的人抢。

当你的朋友抢到红包后，只要绑定微信指定的银行卡，便能在一个工作日后将抢到的红包自动转账到卡上，非常快捷方便。

在微信红包中，"拼手气群红包"更受用户欢迎。所谓拼手气群红包，简单来说，就是你派发出去的红包数额是不定的，由微信系统随机发放。当你设定好红包派发的金额和数量之后，系统将会自动生成金额不同的红包，当你的好友在群里抢到红包之后便能查看他们抢到多少钱的红包，然后这个红包会自动进入他们的储蓄卡，可以随时提现。

拼手气群红包的设计原理是微信红包 = AA 收款 + 随机算法。从属性上来看，就是一对多的关系，就好比一群人去吃饭，实行 AA 制，然后其中的一个组织者从别的同伴手中把钱收回来一样。其实，这个设计和财付通 2012 年推出的“AA 收款”应用基本一致，就是多了“随机生成”这个功能使得用户更容易低成本地掌握自己的支出。

步骤简单了，用户体验自然就提升了。只要用户体验好，不觉得有太多的障碍，他们自然很乐意去玩这个场景功能，这正是微信红包的魅力所在。

作为微商，应该学习微信红包的操作与运用。任何微信功能都不是单纯的应用，商家必须通过这些应用来挖掘其最大价值，这样才能紧跟潮流，不致被大潮所吞没。

新年之际，很多人都有抢红包和发红包的经历，无论是发红包的人还是抢红包的人都知道，只有绑定银行卡才能提现和派发，这也是微信红包的绝妙之处，它使得该应用能够极大地被传播。

9.2 挖掘人性弱点：派红包讲究数额与时机

操作简单是微信红包得以广泛传播的重要原因。除了微信，支付宝、新浪微博也推出了类似的应用，但却没有微信红包这般火爆，这是为什么呢？

答案在于，微信原本就是一个社交平台，其朋友关系是在平时互动中产生的，而不像支付宝、新浪微博那样，和好友的关系半生不熟。这是微信红包成功的先决条件之一。

用户发送微信红包时，可以促进其在社交圈的人际关系，谁都喜欢收红包，而发送红包的人便成为大家争相追捧和感谢的对象。更何况，微信红包背后承载着数亿用户的期望，许多用户不仅发红包，也抢红包。所以，微信红包的用户群非常广泛。在中国，逢年过节或者亲朋好友结婚时都需要用到红包，而在线虚拟发放红包已成为一种潮流，进群发红包或者请求别的愿望发红包已经成为一种特定的潜规则。

总的来说，微信红包充分利用了人性的弱点。微信红包的开发团队在内部测试时，由于其疯狂“抢”红包的状态，甚至将其所在的群改名为“微信红包测试狼群”，可想而知他们当时的状态有多疯狂。

凡是抢过红包的人都知道，自己在抢红包时所能感受到的兴奋和满足感。就以新年红包为例，你随便进一个群，只要那个群比较活跃，都会有红包派发。当红包发出的那一刻，你的指尖也随之颤动，以迅雷不及掩耳之势点击进去，企图抢到一个大红包。当抢到大红包的那一刻，你的心情更兴奋，期待下一次能够抢到更多的。如果抢到的红包较少，你也不会灰心，因为还有下一轮红包降临。这种心态总是在抢红包时延续，以至于你甚至达到忘我的境界。此时，人性中的“贪嗔痴”被无限放大，这是微信团队基于人性的弱点研发出来的，具有很强的操作性。

腾讯最初研发微信红包时，其实是想固定微信红包的派发金额的，但考虑到应用的灵活性，再加上包剪锤、甩骰子的灵感，最后还是决定红包数额随机派发，由系统决定谁的手气更好，这样大大增加了场景应用的多样性，也更能激发人们性格中的弱点。

试想，同一个群里抢同一个红包，抢得多的人肯定会被抢得少的人嫉妒，这时可能会有新的抢红包规则出现，比如抢得最多的人下一次要成倍增加地派发红包，也有可能抢得最少的人下一次要成倍地派发红包。无论规则如何，只要其他参与者能抢到红包即可，这也是微信红包设计的妙处，随机派发金额，引起群狼效应。

此外，不得不说的是，微信红包的推出非常及时应景。新年是红包的流行期，微信正是抓住这个时机及时上线微信红包，让微信红包在亲朋好友、同学之间彻底火起来。因为其操作简单易上手，而且更类似于一个游戏而不是一个社交应用，这大大增加了微信红包的娱乐性，促使用户活跃起来齐齐抢红包。

可以说，微信红包是顺应时景的一件营销利器，让微信不费吹灰之力便绑定了2亿张银行卡，初步实现了微信支付。之所以有这样的成就，和微信红包开发时紧紧抓住人性的弱点不无关系，这也提醒玩家应该怎样派发微信红包，应该在什么时候、什么场合派发，大大扩大了微信红包的应用范围，赋予其超强的生命力。

9.3 凡事要好玩，产品思维的营销策略

为什么微信红包一推出就如此火爆呢？追根究底，这与其背后的开发团队在设计微信红包场景应用时的营销策略不无关系。

从某种角度来讲，微信红包并不是传统意义上的场景应用，在该产品研发团队眼中，微信红包就是一个互动性、时效性极强的游戏，既然用到“抢”字，一定要动作快、把握好时机才能抢到红包。这一点，相信只要抢过红包的人都知道。

在微信红包诞生之前，该产品的研发团队曾经想做一个“讨红包”的应用，这个应用类似于“AA收款”功能，但这个想法最后还是被否决了，原因是“讨红包”这个应用不好玩，而且用户体验极差。试想，如果你的一个朋友突然向你讨红包，你不想给却又不得不给，派发了红包之后便会导致你的心情不好，这个应用会令被讨红包的人很憋屈。

而最终出炉的微信红包则是研发团队从微信掷骰子的游戏中获得的灵感。掷骰子的游戏在微信群里就能找到，它模拟现实中掷骰子的行为，让你和好友一起掷骰子。这个游戏秉承微信小游戏一贯的特点，简单、好玩又刺激。微信红包的诞生就是基于掷骰子这个游戏，只不过将骰子换成人人疯抢的红包而已。

微信红包经内测后推出，正如研发团队预计的那样，微信红包的疯抢行为

"炸"出了许多群里长期潜水的人，这些人会被群里的活跃分子"调戏"一通。这样一来，群里的气氛就会活跃起来，不像平时那样死气沉沉，毫无活力。也正是因为如此，微信红包才会彻底火起来。好玩又简单的东西大家都喜欢，这是肯定的。

此外，微信红包的进入门槛不高，甚至可以说没有门槛，只要你事先绑定了银行卡便可进行微信红包的派发与领取。在微信红包出现前，新年发红包简直是一份体力活。有传言称腾讯公司 CEO 在 2013 年时发红包发到手软，腾讯是一个庞大的帝国，前来领取红包的员工超过 5000 人，这些员工从 37 楼密密麻麻排到了大厦之外，其壮观的场景堪比春运。可自从有了微信红包，只需手指一点便能发送给所有人，较之以前那种壮观的情景，真是轻松了不少，而且产生的效果也不比现场发送差。

微信红包还运用了另一个互联网营销思维——全民共欢乐。新年之际，父母长辈通常会给小辈发红包，每年的金额几乎不变，而微信红包采取随机发放，必须抓紧时间去抢，娱乐性提高了不少。而且抢到红包的人可以看到别人抢到多少，如果自己抢得多的话，会很乐意去晒单，抢得少的话也没关系，反正是意外之财，很多时候抢红包只是图个乐子而已。

微信红包之所以火，很大程度上是因为人们非常享受抢红包那一刻的快感，和群里这么多人竞争，能抢到已经非常不易，谁会在乎抢到多少。大多数人还是喜欢体验那个过程，因为那是大家乐在其中的过程，气氛很容易 high 起来。

微信红包的体验应用很符合网上一个网友说的话："平日一毛不拔的铁公鸡也纷纷慷慨解囊，往日默默无名的群友也突然豪气冲天。"正是微信红包的互联网思维使得很多人都乐于参与其中，接受微信红包的洗礼。

9.4 赢在"抢"字，满足潜在客户光明正大的贪婪

微信红包用到一个"抢"字，其实很大程度上已经揭示了微信红包的思维模式，就是要极大地满足客户的心中所想，使他们可以光明正大地贪婪起来。

早在微信红包推出前，该应用在研发团队进行内测时，研发人员的"贪婪"本性便展露无遗。本来在群里派发红包的举措只是为了改进应用，并提出有效建议来完善它。刚开始还比较正常，大家都只是派发红包、抢红包，一

切都在循规蹈矩地进行着。可是到了后来，游戏开始升级，原本的测试到最后成为真正的狂欢，许多人抢红包抢到凌晨3点还孜孜不倦。这次抢红包活动也把许多长期潜水的人给“炸”了出来，在众人的起哄下，这些长期潜水者也不得不发起派红包活动，简直是将人性中所有的贪嗔痴因子都爆发了出来。但大家并不会觉得反感，因为这本来就是一场狂欢，一场大型互动，每个人都陷入兴奋的状态，而且都是有来有往，不一定抢了红包的人就不会派发红包，派发了红包的人就抢不到红包，这是双向互动的，所以人们都觉得抢红包是理所当然的，并不觉得羞愧。

这是一个全民娱乐的时代，一切具有正能量的东西都会被快速复制和传播，微信团队正是利用人们的这种心理，使得微信红包被极大地复制和传播，从而获得强烈的反响。

反观微信红包的竞争对手支付宝和新浪微博，尽管也紧随其后，推出“讨红包”和“让红包飞”等场景应用，但都没有火起来。支付宝上线的“新年讨喜”应用，分别是“向老板讨”、“向亲爱的讨”、“向亲朋好友讨”和“向同事讨”四种方式，而据支付宝提供的数据，“向亲爱的讨”所占的比例最高，达到33.7%，“向同事讨”所占的比例最低，只有12.3%。这说明该应用并不受欢迎，毕竟要厚着脸皮才能向自己的朋友、上司讨要红包，而且别人不一定愿意给你。基于这个原因，该应用自上线以来并没有收到预期的效果。

微信红包虽然没有公开数据，但只要玩过它的人都知道，当红包一出现在页面时便会被秒杀，不用具体的数据支撑也能知道微信红包到底有多火爆。

微信红包其实是一个抢和被抢的过程，抢到红包的人有时也会被迫发红包，可这些人抢到红包的时候其实已经满足了他们的好胜心，让他们再发红包的时候也是心满意足的，毕竟如果你不顺从“民意”的话，最终会成为炮灰。所以，抢到红包的人或多或少会在群里发一点，以避免出现被炮轰的结果。

在一位开发微信红包的管理者看来，微信抢红包逼出了大家的“狼性”。这里所说的“狼性”是指人们在游戏和金钱的双重刺激下陷入的疯狂、兴奋状态，以及在这个过程中表现出的无限欲望。而这种贪婪，是他们完全可以光明正大表现出来的。

9.5 行动中开火，勇敢地在客户之间"试错"

每一个成功的产品背后都有一个不变的原理，那就是要在应用的过程中不断试错，以便让这个产品达到用户认可、产品完善的状态。微信红包即是如此！

虽然发红包并非腾讯原创，腾讯也不是第一个做出来的，但微信红包却先拔头筹，抢了许多互联网大佬的风头。其之所以有今天的成功，完全得益于微信团队对产品研发的精益求精和高效率，面对突发情况变通快，能够为用户提供良好甚至超预期的体验。

有数据显示，2013 年春节，支付宝发出的红包为 164 万个，而财付通只有 20 万个，不及支付宝的八分之一，可到了 2014 年，财付通迎头赶上，杀了支付宝个措手不及。所以，从某种意义上讲，发红包应用是否是微信首创已经无关紧要。重要的是，用户认可哪家的应用，毫无疑问，用户更喜欢简单好玩的微信红包。

财付通对外宣称，他们大概花了 3 个月时间去研发微信红包，于 12 月开始公测。产品研发周期不算长也不算短，不过在这个过程中，财付通对自己上一年的产品作了深刻的反省以及进一步的思考，而且在微信红包上线后，还根据用户提出的建议不断调整产品。和用户沟通发现问题，然后再研究解决，这本身就是一个不断试错的过程，在这个过程中，微信红包得以迅速成长，极大地提升了用户的体验。

举个例子，刚开始微信红包规定，用户在抢红包之前必须写上自己的祝福语。这大大降低了用户的体验，也不能完全激发用户的"狼性"。后来，微信团队意识到了这一点，并对此做出调整，先抢红包后发祝福。虽然只是一个小小的改动，却带来了巨大的影响，用户的体验立刻提高，微信红包的传播也变得异常迅猛。

一款产品从前期的研发与应用到后期的反馈与调整，其间投入的人力和物力是非常巨大的，用户的体验越好，证明产品背后的开发团队所付出的努力越大。微信红包也不例外，为了研发这一款产品，马化腾、张小龙等腾讯高层多次亲自发红包体验，这并不是一次自下而上的作战，而是一次受到高层领导重视的自上而下的作战，这给了财付通极大的信心，使得他们敢于试错，敢于和用户交流并向他们咨询意见，从而做出及时的调整。

9.6 移动微支付，在支付中营销自己

微信红包的应用使得2亿用户将自己的银行卡与微信支付绑定，从中我们可以感受到移动网络端的火热，今天已经不再是PC互联网的天下。从艾瑞咨询的统计数据可以看出，2013年第三方移动支付市场成交额已经高达12197.4亿元，同比增长707.0%。这个令人惊悚的数字似乎在告诉各路电商，微信营销的O2O营销已经成为2014年的主战场，而事实上在2014年，许多电商通过微信营销推广自己的品牌，并取得了长足的发展。

微信红包虽然以迅雷不及掩耳之势，让用户绑定了他们的银行卡，从而实现快速提现、充值等功能，但是，腾讯要想真正巩固这些用户，让他们用微信支付，就必须在微信支付的功能基础上再添加新的应用，以获得客户的支持。诸如“AA付款”、手机话费充值、电影票、信用卡还款等功能都是为了提升微信支付的应用而设置的，具有很强的现实意义，也让腾讯在推广微信支付功能的同时捎带着推销了自己的产品。

在移动互联网为王的年代，只靠简单的银行查询、转账等功能应用已经满足不了现在的消费者，新一代的消费者都希望吃喝玩乐在同一个平台上，这样找起来就不用太麻烦。腾讯推出微信支付旨在让客户逐渐习惯微信移动支付的存在，这样微信推出的“轻APP+微信支付”的应用才能有效占据用户的生活。

什么是轻APP呢？我们可以将它理解为微信支付的一个个小插件，这些小插件所展现出来的内容都是符合小而精美原则的场景应用，能够为用户提供良好的体验。与此同时，由于这些轻APP存在于微信中，它和微信支付、朋友圈实现了无缝连接。因为有用户基础，腾讯推出的场景应用很容易得到人们的热捧。每个人都渴望便捷的生活，希望在同一个地方找到所有自己需要的东西。腾讯正是基于这一点，将许多有关生活、娱乐的轻APP融入到微信这个大平台里，在推销这些应用的同时也给自己做了宣传，可谓一举两得。

未来随着移动互联网的发展，腾讯会接入更多的商品、商城，尽量将线下和线上活动结合起来，激发客户的兴趣，从而主动去参与。由此不难看出，微信红包只是微信支付应用的开始，一旦完成最初的原始积累，一些有建构性的东西也会陆续诞生，到时候微信支付的生态圈也会逐渐完善起来。这就是微信心中的如意算盘，在支付中推销自己。

【案例解析 25】

金报微信会员月福利再袭，20 万元红包遭疯抢

随着金色 9 月会员月的来袭，金报微信矩阵也迎来了 2014 年的第二个会员月，既然是会员月，肯定少不了给会员各种各样意想不到的优惠和福利。而《楚天金报》也没有让广大粉丝失望，在 9 月到来之际，推出各种丰富的优惠福利，意图让全城人民 high 起来。

在这多重好礼中，最引人注目的当数惠林休闲食品“20 万元红包疯狂抢”活动。据《楚天金报》官方微信发布的消息，只要在其官方微信里成功抢到惠林休闲食品提供的红包的用户，即可凭电子优惠券到指定地点选购惠林休闲食品，当然是以最优惠的价格选购，只要买满 30 元马上减 5 元，买满 50 元减 10 元，买满 100 元减 30 元……20 万元的红包让你抢到手软！惠林休闲食品的各种美味也让你的这个金秋回味无穷。

这只是《楚天金报》微信会员月推出的其中一项优惠活动。很显然，《楚天金报》是想通过抢红包这一活动来刺激消费者购买。由于微信红包具有较强的实时性和可操作性，再加上用户体验良好，该活动取得了十分理想的效果，消费者也乐在其中。

值得一提的是，此次活动只针对会员，这意味着用户如果想参加这些活动，必须关注《楚天金报》的官方微信。这无疑为《楚天金报》增加了大量粉丝，使得抢红包活动能够如火如荼地进行下去。

微信红包的场景应用挖掘的是人性弱点。在活动举办之前，《楚天金报》就向外界放出风声，这次微信红包的总额将高达 20 万元，大有不抢白不抢的意思。另外，《楚天金报》发放红包的时机也是恰到好处，在 9 月会员月发放能起到很好的宣传效果，比平时发放效果要好上一倍。这些举措完全符合微信红包的营销思维，所以取得了很好的效果。

微信红包经过千万用户的试玩，如今已成为一个营销噱头，有微信红包的地方就有人气，就会疯狂。因此，商家在做活动时，通常会把它设为重头戏之一，以此来激起消费者的热情与贪婪心理，从而让活动的气氛火热起来。

【案例解析 26】

全民抢红包，海信冰洗“玩转”微信新营销

海信电器全民抢红包活动是在五一过后相对平淡的季节进行的，因此怎样把淡季做成旺季、如何调动用户参与的积极性等都是海信电器要考虑的问题。

对此，举办微信红包活动可谓正合时宜，用户只需动一动手指，不但能自己抢红包，还能邀请朋友抢红包。“拼人品抢万元红包”活动无疑是海信电器做网络推广的一个噱头，类似于群抢红包的功能，而海信电器将其改头换面，用“邀请”一词来触动消费者的心弦，背后打的主意是将线上线下活动无缝连接起来，同时通过“邀请”将活动分享出去。用户的主动分享比商家在网上买流量做广告管用一百倍，这正是海信电器的如意算盘，而且“万元红包”这样的字眼极具诱惑力，谁不喜欢免费的东西？微信红包本来就是一个能够光明正大满足群众贪婪心理的应用场景，所以商家可以毫无避讳地利用人们的这种心理，极大地发挥微信红包所能给他们带来的营销效果。

而海信电器在这次营销活动中充分利用了这一点。据海信洗衣机推广部负责人说：“五一期间我们举行的点赞活动，有近20万用户参与，极大地传播了品牌和产品信息。不少网友在微信上与我们互动，我们也从中获得了这些新生代用户对海信及海信冰洗产品的评价，这些对我们来说是非常有价值的东西。”

也正是五一期间举办的活动为6月淡季举行的活动积累了一定人气，6月海信电器销售火爆并不是偶然，而是通过充分运用微信这个时下最热门的社交软件实现的。微信营销虽然容易，但真正用好它却有一定的难度。

要想把淡季做成旺季，不仅考验企业对市场的掌控能力，更考验企业调动消费者积极性的能力。在这个过程中，企业本身的文化沉淀很重要。微信红包的出现为企业提供了一个展示自己的平台，它将娱乐和营销结合在一起，在娱乐的过程中向用户传播自己的品牌，调动客户参与活动的热情。这是微信红包所独有的，它能够吸引用户进入一个应用。所以，海信最终选择微信红包作为他们淡季营销的噱头，推出红包活动，吸引顾客注意力。

此前，以技术见长的海信电器一直沉默是金，但是随着移动互联网的普及，公司不得不转变自己的思路，以更加开放、更加热情的举动来吸引消费者注意。而微信给了海信一个改变自己、融入市场的机会，尤其是其对微信红包的应用，更是改变了外界对海信的看法，赢得了消费者和业界的赞叹。

由此可见，有时候只要用好微信里的一个插件，便能使自己的销售额和品牌影响力成倍增长，而不需要面面俱到。

【案例解析27】

好享购物行业首派微信红包，引爆朋友圈

2014年夏天，好享购物打出“2014夏开仓持续放‘凉’”的旗号，在行业内首派微信红包。从标题来看，就是要通过微信红包大搞促销活动，给消费

者一重又一重的惊喜，使消费者持续关注自己是否有新活动举办。

好享购物有400多万会员，如此庞大的会员队伍本身就是一个很好的宣传渠道，只要商城一发布优惠信息，再做一些基础的推广，便能得到几百万会员的转发，这也是好享购物心中打好的如意算盘。

虽然活动第一天，好享购物已经通过电视、官方商城、微信商城、移动购物、杂志等渠道做好前期铺垫，结果导致活动当天大量订单涌出，差点把渠道堵塞，但好享购物还是在微信独家发放"百万微信红包"，引发朋友圈持续刷屏。

一家企业无论在营销方面有多么强，都不会放过任何一个宣传自己的机会，而好享购物更是抓住这一点，结合微信红包，将夏日营销做到了极致。

好享购物不仅将商城的产品价格降至最低以吸引消费者前来购物，同时还举办疯狂抢微信红包活动，将传统的促销和时髦的移动应用整合在一起，其收到的效果远远超出举办方的预期，所以才会出现活动举办第一天大量订单差点把渠道堵死的现象。

根据促销活动的规律，这种大型的短期活动要靠大量媒体的传播和朋友圈的自传播双重推动，消费者的关注会一天比一天多。活动第一天，销售就如此火爆，自不用说后来活动越来越火爆，再加上微信红包的助势，更是将活动推到了前所未有的高潮。

毫无疑问，微信红包是这次活动的焦点。对于微信用户来说，微信红包是他们非常熟悉也很热衷的一款应用，可以说，凡是有微信红包的地方，总是一片呼声和激动。而好享购物属于电视购物行业，这次微信红包的举办属于业内首创，非常吸引人眼球。

当然，要搞好微信红包活动并非易事，毕竟这是一次面对400万粉丝的大型活动，对于微信红包的发放，技术上必须过硬。除此之外，还要为客户提供良好的体验，这就要求在攻克那些技术难题的同时，也要考虑页面的易操作性和趣味性，不能太死板。

另外，好享购物发放的微信红包实际上是购物金，要想让用户在微信圈刷屏的同时产生购物力，就必须拥有庞大的会员群体。好在好享购物的粉丝群体够庞大，在业内的排名也是非常靠前的，这也是好享购物的微信红包能被疯狂传播、转发的基础。

【案例解析28】

乐居微信购房季红包开抽第一周，指控营销high翻全港城

暑期来临之际，位于秦皇岛的乐居购房开始了微信购房新浪潮。

作为一个四线城市，秦皇岛的本地居民并不多，尚不及北京的一个区，但人们参与乐居购房的热情并不逊于北京人民。那么，究竟是什么原因让市民如此疯狂呢？

答案是微信！用微信购房并不是什么新鲜事，关键是如何运用微信插件来给自己的活动造势，以达到预期的营销效果。

根据新浪乐居的数据显示，从6月28日活动开始，到7月1日下午4点，总共有超过61万的微信用户参与微信红包疯狂抢活动，超过10万件奖品被领走，其中特价房有近300套，统计出来的总价值超过4亿元。这其中，微信红包的贡献不可忽视。

微信红包由于自身的属性，使其很容易勾起人们的热情，有钱拿有奖品送，谁不喜欢？所以，乐居微信将微信红包选为活动前期打前锋的项目实为明智之举。

用户只需关注乐居微信购房的官方微信便可加入乐居微信购房的“指控”队伍中，微信号里有“我要抽红包”的链接，只要点击进去，用户便能获得三次抽红包的机会。这样的抽奖设定比每人限抽一次更有效，而且用户还可以将此链接分享到朋友圈，让自己的朋友也参与，所谓独乐乐不如众乐乐，这也是乐居微信想要的宣传效果。

仔细分析，不难看出活动主办方策划这次活动的思路。当时正值房地产市场低迷的时期，为了抵消限购政策的影响，乐居微信购房重磅出击，联合秦皇岛南岭国际、翠岛天成、远洋海世纪、远洋海逸世家及金屋秦皇半岛等楼盘开展了一系列活动，以各种手段来吸引人们的注意力。虽然很多人对楼市持观望态度，但面对如此诱人的促销活动，还是有不少人按捺不住心中的激动，一马当先地加入了微信购房的热潮当中。

而乐居微信购房也没有让人们失望，由其发起的红包随处抢活动，赢得了万人追捧，这不仅因为微信红包本来就为人们所熟知，更因为微信红包激起了人们内心的贪婪本性。

此外，微信红包的出现恰到好处，在活动初期推出能够激发人们参与活动的热情，使他们真正投入到活动中来。这也正是微信红包的魅力所在，在顾客抢红包的同时宣传推广自己的品牌，让自己的活动能够让更多人看见，增强了市场影响力。

第 10 章

微信表情：萌态可掬，表情世界孕育营销新创意

微信表情也能做营销？对于这个问题，你一定十分惊讶。但事实证明，在微信世界中，一切应用都能成为商家营销的武器。至于如何用微信表情做营销，问题其实没那么复杂，联系时下的热点，或许你就会从中找到商机。

10.1 寻找专业 VI 为产品设计定制萌表情

当你在浏览器里搜索微信表情的时候，你会发现很多令人意想不到的微信表情。

作为一名微信商家，你最好找一个专业的 VI（视觉识别）设计师为你设计表情，并把这些呆萌的表情应用到聊天或者别的消息推广中，从而给用户带来良好的体验。这个不经意的举措往往会让你的产品销售得更好。

微信从最初的版本发展到现在的版本，其中的表情包越来越丰富，有免费的，也有付费的，免费的表情自然受人追捧，付费的表情只要用户喜欢，一样会毫不犹豫地购买。这是一个多元生态圈发展的趋势，能够迎合用户品位和生活的就是好东西。

至于为什么要设计呆萌表情，答案是为用户提供良好的体验，创造轻松愉快的氛围。如果你在和客户聊天，或者在群里群聊时，不时地发一些呆萌的表情，你的用户会感到眼前一亮，对你多几分好感，气氛也会相对融洽很多。有了这个基础，再谈生意就好办了。

网上有一种名为“贱萌”的表情深受大家喜爱，因为这种表情能让人会心一笑，释放工作和生活中的压力。腾讯也意识到了这一点，于是在微信的升级中，不断推出各种各样的 VI 设计，希望给用户带来愉悦的体验。这恰恰是微信的魅力所在，而且微信表情的平台也非常开放，第三方设计的表情只要通过微信提供的接入口，便能将自己定制的表情导入微信表情库里，让更多的用户可以用到。

这种开放的精神使得微信表情库里永远保持新鲜感，有新鲜感就有流量，有流量就有收入，商家不用大力宣传自己的表情包，在微信这个平台里也迟早会被人发现。

作为微商，你可以根据产品特点为其定制一系列表情用于传播。事实证明，利用微信表情去宣传推销产品，比你漫无目的地投放广告更加有效。这些表情不仅可以融洽你和客户之间的聊天氛围，甚至还可以发挥促进成交的作用。

用过魔漫相机的人都知道，这是全球第一款将真人拍成幽默漫画的手机应用，其生成的照片都是独一无二的，这些照片在一定程度上就是用户的标签，可以用作头像，也可以用作微信表情。正是这个特点，让魔漫相机在很长一段时间里大红大紫，尤其在微信平台上，随处可见魔漫相机生成的萌表情，那搞笑的自嘲令人忍俊不禁，常常令用户眼前一亮。

还在等什么？马上拿起手机，用魔漫相机为你定制一个独一无二的搞笑头像吧。

10.2 依靠第三方平台上线微信萌表情

寻找第三方平台上线商家定制的萌表情，是一个让用户看见自己表情的办法。腾讯有意发展微信表情，使得微信表情更开放、更有生命力，这是一款软件长久不衰的内在动力。

从某种意义上来讲，表情不仅仅是表情，其能够为用户提供一种体验。换句话说，微信平台的表情越多，用户的选择越多，这个领域就越发多元化，能给用户的东西也就越多。

所以，腾讯建立了一整套规则来发展微信表情。他们没有设置进入门槛，而是让微信表情自我繁殖。也正因为如此，许多第三方平台，如魔漫相机、表情工厂等得以在此繁衍，给微信表情的发展带来一股新的气象。

表情工厂是美图秀秀的一款新的力作，主要针对那些不想花太多的钱去买微信付费表情，同时又想拥有自己独特表情的用户。在这个基础上，表情工厂这款应用应运而生。它的出现，弥补了微信表情昙花一现的缺点。一般来说，微信表情都有一定的流行期，很难让用户长时间保持新鲜感，而微信自己开发大量表情也没多大意义，倒不如让第三方平台加入微信表情的创作，以增添更多可爱的表情元素，吸引用户下载与应用。

表情工厂的应用十分广泛，而且操作简单，其拥有快速生成动态表情的功能，只要一秒钟就能将用户的表情变成动态表情，而且生成的每一个表情都爆笑有趣，让人捧腹大笑。

微信商家可以直接下载一个表情工厂，将自己的照片导入表情工厂里，定制独一无二的微信表情。除此之外，表情工厂还提供表情相册功能，让用户将生成的表情在线储存在相册里，以供其随时回溯自己以前的搞笑表情。

表情工厂不仅适合普通用户使用，还能帮助商家为自己的产品推广造势。能博得顾客一笑也是一件很不容易的事情，每个前来咨询的顾客都希望自己的购物体验轻松愉悦，而商家的沟通能力就体现在这里。所以，想要增强用户的购物体验，使用微信表情是一个不错的选择，起码能够抓住客户的心理，让他们从头笑到尾！

此外，也有许多第三方平台提供大量的原创表情。电影《一夜惊喜》上映时，原创表情商店便推出该电影的原创表情。这款表情使用电影里的经典台词，而且人物的造型、发饰正版高清，让人一看就觉得时尚之风扑面而来，表情里附带的些许恶搞更是让人忍俊不禁，所以下载这款表情的人很多。作为微信商家，你不妨也下载几款这样的表情试试，相信在与顾客聊天的过程中，这些表情会让他们享受到前所未有的体验。

10.3 利用朋友圈、微信公众平台等发布萌表情

商家定制微信萌表情的最终目的在于推广自己的品牌。诚然，微信萌表情在营销过程中可能没有二维码、微信小游戏、微信红包那样重要，营销效果也没有它们显著。但从另一个角度来讲，微信表情是宣传企业文化或者商家个性的一种手段，一种潜移默化的手段。

如果你想做微信营销，完全可以利用表情工厂来定制专属于自己的萌表情，并通过朋友圈、公众平台来展示自己的萌表情，这样你的朋友和客户便能更加深入地了解你，这也是一种品牌传播手段。有许多个人微信营销基本上都是个人情感营销，店家在现实生活中或者社交网络中本来就是个名人，现在在微信里搞营销，顾客大都是自己的粉丝，或者是熟悉自己的人，认为他是值得信任的，才购买他的产品。

微信萌表情是商家建立用户信任感的一种手段，比较隐性，不会引起客户

反感。一套微信表情被设计出来，要放在别人看得见的地方才能达到宣传推广的效果。除了通过第三方平台定制表情之外，还可以利用朋友圈、微信公众平台等来推广自己的表情。

香港设计师B. Wing设计的“A仔”表情在香港可谓家喻户晓，这不仅因为A仔本身就萌萌哒，很讨人喜欢，更因为设计师宣传到位，曝光适当，逐渐得到很多人的关注。

一款表情被设计出来，除了先天因素之外，能不能在适当的时机曝光也很重要。A仔在很大程度上就代表了设计师B. Wing的个人形象，只要一提起A仔，人们就会想起设计这个表情的人是谁。如果设计师在微信上营销商品，他的商品肯定很受欢迎，因为他的表情本来就起到了很好的宣传作用，而设计师本身也有一定的知名度。人们购物的时候，总喜欢到自己熟悉和信任的店铺里购买，尤其是在微店满天飞的今天，更是如此。

同样的，其他设计师设计的原创萌表情也可以在朋友圈、公众平台发表，并通过萌表情的大量传播与应用来打响自己的品牌。这和展现商品的性能、特征是同样的行为，只不过前者更具有娱乐性和时尚感，而后者则属于单纯的产品推广与营销。

在微信营销乱打广告的大环境下，微信表情的出现是一个契机，也是一个虽然不起眼但效果却很好的机会，让商家可以通过原创微表情在朋友圈、公众微信平台里宣传自己，甚至在群聊的时候让自己的客户眼前一亮，竞相追捧。

所以，千万别小看原创萌表情，有时候它真的能带给你意想不到的效果。

10.4 与腾讯合作，开设萌表情APP

商家在运营微信号时，可以通过定制的萌表情来提高自身的知名度，也可以通过第三方平台软件来上线自己的萌表情，以达到让广大用户认识自己产品和品牌的目的。

一套好的微表情如果运用得当，会成为企业或者个人营销品牌的标志，所以许多商家才会如此用心地定制专属于企业、个人的独特微表情，以达到宣传推广效果。

既然是在腾讯的地盘上做生意，就应当了解腾讯旗下的应用，再结合自身情况，这样就可以轻而易举地通过特制的微表情来推广自己的品牌。

从微信 3.0 开始，腾讯就下定决心要开放微表情这个平台。腾讯曾经推出兔斯基这套令众人追捧的萌表情，可这些表情有时效性，免不了昙花一现的结局。所以，在自己推出微表情的同时，通过别的渠道去丰富自己的平台是一个可持续发展的思路。

因此，在 APP 市场上，腾讯专门推出一款名为 MojiMe 的应用来给用户定制微表情。该应用和美图秀秀的表情工厂差不多，但里面的界面设置以及真人表情设置等比美图秀秀清新许多。当然，两款应用都不缺用户，商家在选择的时候可根据自身的实际情况来作决定。比较而言，MojiMe 的表情更萌，也更独特，而且操作简单，只要拍照，上传照片，再生成表情贴纸，然后保存、分享。重点功能在分享上，MojiMe 可通过四种渠道分享出去，其中少不了微信聊天、朋友圈、FACEBOOK 和邮件这几种人们熟悉的渠道。

这迎合了商家的意愿，生成一款专属于自己的微表情，在和顾客聊天时便可以肆无忌惮地发挥，以萌来征服他们。

所有商家使用微表情的目的都一样，就是要宣传自己的品牌，捎带着宣传自己。而通过什么渠道来获得微表情就看商家自己的要求了，能找专业的公司去设计自然再好不过，但费用往往很高，宣传投入太大。所以，许多商家会退而求其次，去寻找其他渠道来定制属于自己的微表情，只要能得到独一无二的表情，他们便能结合实际情况去发布自己的表情，比如在用微信聊天时，又比如利用朋友圈传递出去，这些都是惯用的做法。

因为微信表情的火爆，平台上才会陆续出现专门定制微表情的软件，商家也因此能够很方便地获得自己的微表情，这意味着通过微表情来宣传自己成为一件轻而易举的事情。这是移动平台大发展的好处，它为商家带来了实实在在的大利好。

【案例解析 29】

《神偷奶爸 2》：可爱小黄人表情商店带动观影热潮

在资本市场上，有时候一部电影的上映可以带动相关的行业发展，而相关的行业发展又能回馈到这部电影上，使其票房继续大卖，从而掀起观影热潮。

2014年初《神偷奶爸2》的上映，立刻在大江南北掀起观影热潮，一时间大街小巷到处充斥着该电影的宣传海报、玩具、广告等。腾讯抓住这个时机，推出自行定制的微信表情《神偷奶爸》，并在微信里限时免费下载。这套表情共包括16款可爱呆萌的小黄人，令许多人爱不释手，马上在微信里下载。

能够把握住时机的商家，就能够在竞争激烈的移动平台上稳操胜券，立于不败之地。《神偷奶爸2》的上映无疑给了微信一个契机，使其推出小黄人表情，在电影热映的带动下，再加上腾讯铺天盖地的促销，使得小黄人的表情彻底火了起来。

微信的累积用户高达6亿，只要表情一上线，就会有人点击查看，再加上限时免费，更使得看过电影的用户竞相下载，毕竟小黄人本身呆萌可爱，再加上该电影令人印象深刻，以其为蓝本的表情很容易在微信用户中引发下载狂潮。

从某种程度上来讲，微信其实在为电影的上映造势，当一样东西成为一种标志，常常出现在你的视线范围内时，即使你对它不感兴趣，但久而久之，你也会因为好奇心对它产生兴趣，进而去了解它。如果它继续吸引你的话，你会持续深入地了解这件事物。此时，进电影院观影便成为你了解小黄人源头的不二选择。

因此可以说，小黄人表情的出现起到了潜移默化的作用，谁不喜欢可爱又带点小搞笑的东西？它能给人们带来欢乐，而这推动了该影片在国内的热映。

微信商家可以从小黄人的案例中悟出很多微信营销的有益经验。同许多事物一样，一款表情无论多么有趣，多么有吸引力，它在流行一段时间后都难免不让用户产生视觉疲劳。因此，商家必须及时抓住热点，适时推出定制好的微表情，这样才能第一时间吸引用户的注意力，进而极大地促进自己产品的销售。

如果没能在第一时间推出自己定制的微表情也不要紧，网上有很多渠道可供商家下载时下流行的表情，只要商家懂得挖掘和应用，一样能在微信营销中立于不败之地。商家不用时刻想着用什么话题和刚认识的客户聊天，以时下热门的电影为切入点就是很不错的选择。

【案例解析30】

来自星星的你：炸鸡啤酒萌表情，物美超市数倍销售额

韩剧《来自星星的你》有一句经典的台词：“下雪了，怎么能没有炸鸡和

啤酒?”就是这一句台词，使得该剧红遍大江南北，无论你有没有看过这部韩剧，可能都知道这句台词。

物美超市是一家上市公司，在全国各地设有分店。20 世纪 90 年代初期，该公司因为模仿国外超市的形式，再加上商品价格便宜，很快便打响了知名度，消费者都喜欢到他们家购物。但是随着时代的发展，互联网和电子商务对这种大型连锁超市构成了威胁。在这种情况下，如何利用时下潮流去推销自己便成为摆在商家面前的急迫问题。

“下雪了，怎么能没有炸鸡和啤酒?”这句韩剧里的台词，给了物美超市宣传自己的机会，如何吸引更多的消费者到超市买东西成了物美营销推广的重点。

物美超市既想节约成本，又想让更多的消费者来超市购物。综合各种条件，在微信平台上推出炸鸡啤酒的萌表情是个不错的选择。只要表情在微信上线后，全国各地的消费者都能看到这款表情，一句流行的台词能够带动销售额翻倍，这是许多商家都意想不到的事情。然而，如何在这股热潮出现后抓住时机才是值得每个商家思考的问题。

时势不等人，不能等到大势已去，你才反应过来，这样做于事无补。不仅深受网购冲击的大型超市，就连街边的小食品店都懂得抓住这个机会来宣传自己的产品。

北京有一家韩国烧烤店，开业七年，生意一直很平淡。后来，逐渐有客人来点炸鸡和啤酒套餐，起初每天只能卖出 20 ~ 30 份，后来越卖越红火，营业额随之暴涨。事后，烧烤店店主得知，原来是一部韩剧的热播带动了一个行业的兴旺。

炸鸡啤酒萌表情的推出，在一定程度上推动了超市的销售，毕竟一部电视剧或电影的热映能够带动许多相关行业的发展。再加上商家适时推出各种吸引人眼球的宣传活动，更是将销售活动推向了高潮。基于这一点，物美超市在推出炸鸡啤酒萌表情后，加紧宣传，在超市里打响炸鸡啤酒促销活动的战役，吸引大量消费者前来购买。

一旦消费者进了超市，就不会光买炸鸡和啤酒，还会选购其他物品。从这个意义上讲，只要把消费者吸引到超市，物美的营销策略就算成功了。在互联网时代，线上线下的联系十分重要，有了线上的铺垫，线下实体企业再做一些宣传推广，便能将线上线下的活动形成一个闭环，而闭环的中央便是商家日夜追求的业绩和销售量。

第 11 章

公众平台订阅号：自媒体APP，订阅营销自动化

微信 6.1 整合了之前的服务号和订阅号，将其统一为公众号。通过平台整合，更加方便了商家营销，帮助他们打造自己的特色品牌。毫不夸张地说，公众号营销是微信营销中的深度营销，能够让商家焕发出前所未有的活力。

11.1 搭建订阅号四个步骤

微信已经成为人们社交活动中重要的联系手段，其发展至今，早已不再是简单的通信软件，而是拥有更广泛的功能和用途。例如，除了用作联系工具，人们还可以通过订阅号来了解许多自己感兴趣的新闻资讯、潮流趣事。

微信订阅平台如今已成为很多人获取资讯的重要途径之一，而订阅号的迅猛发展也为商家提供了一个很好的营销渠道。那么，商家要如何运营订阅号，才能发挥其最大效用呢？

首先，要申请订阅号。搭建订阅号平台并不难，甚至可以说非常简单。在这个全民自媒体的时代，微信订阅号为所有人提供了一个平台，让他们可以为自己代言。

那么，怎样申请订阅号呢？很简单，只需要四步你便能拥有自己的订阅号。

第一步，你需要一个电子邮箱。你既可以使用现有的 QQ 邮箱去注册，也可以在网上申请一个简单易记的邮箱。总之，你需要有一个电子邮箱。

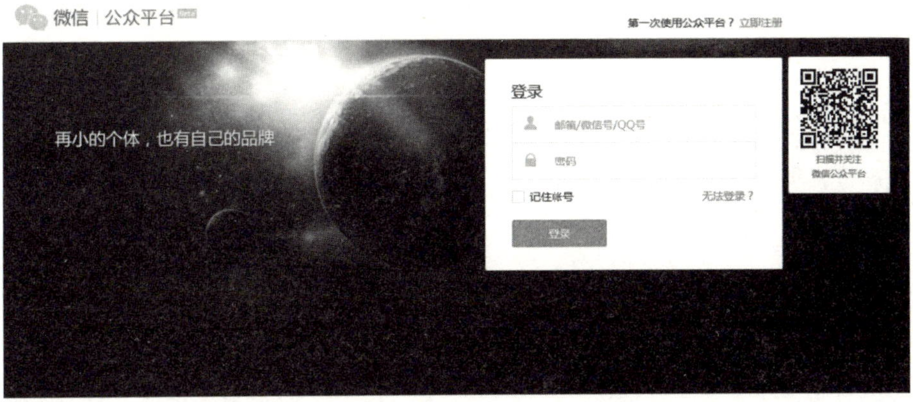

第二步，邮箱注册好之后，进入微信公众平台的登录界面。在里面，你会看到除了登录信息框之外，右上角还有一个“立即注册”选项。点击进去，在新界面填上之前注册好的邮箱，设置一个新密码。注意，密码要设置得复杂一点，微信平台现在已成为每个人都能涉足的区域，有许多不法分子会在微信后台盗号，从而对你的微信平台产生不利影响。把密码设置得复杂一点，可以防止不法分子钻空子。

第三步，设好邮箱和密码后，再输入验证码，勾上“同意微信公众平台规则”，就可以继续点击下一步。

最后一步是到邮箱页面里确认微信平台发给你的激活邮件。成功激活后，你便可以通过邮箱来登录你的公众平台。换句话说，你已经拥有自己的公众订阅号。此后，你便可以在订阅号后台随心操作你想推送的图文资讯了。

微信订阅号便捷的申请和注册步骤，给商家带来了很大的利好，你不用烦琐的手续，也不用缴纳手续费，便可免费拥有自己的订阅号，随时在上面发布有关信息。在新版微信中，商家每天都可以推送至少一条信息到公众平台里，以便让更多的人看见这些最新资讯。

对于想在微信上推销自己产品的商家而言，运营一个微信公众平台很有必要，因为很多时候，个人微信营销是一种魅力营销，而微信公众平台是宣传个人魅力的一个绝佳平台。把握好机会，总是没有错的。

11.2 找准订阅号的运营模式

微信公众平台从一开始就以平民的姿态现身众人面前，在这个人人自媒体的时代，除了拥有一个公众平台来宣传自己外，懂一点订阅号的运营模式也很重要。

据不完全统计，微信上的公众订阅号已经超过200万个。200万意味着什么？就是平台上信息海量，而用户的选择也随之多起来，商家在运营订阅号的时候能不能留住用户是一件至关重要的事情，毕竟吸引粉丝容易，想要留住粉丝却很难。

鉴于此，学习一些技巧，找准订阅号的运营模式对商家有莫大的好处。

首先，保持订阅号在粉丝中的活跃度很重要。如果你是用户，你的订阅号文件夹里肯定塞满了很多商家的公众号，每天都有海量信息涌进来，对于那些迟迟不更新信息的订阅号，你会逐渐失去兴趣，进而将它们删除，这是人之常情。所以，千万不要让你的订阅号变成死号，要每天保持活跃，让你的粉丝知道你的存在，而不是让他们觉得你可有可无。

其次，虽然你是订阅号的运营者，希望通过这个平台来不断宣传自己的产品，但你也不能每天都推送广告信息，否则用户会逐渐对你失去兴趣。没有人希望自己的微信到处充斥着广告推销，他们需要的是体验和资讯，而不是每天看你的广告。

试想，如果你看到一篇文章，从头到尾都穿插着恶意的广告，你会怎么想？必定心里很不爽，只想立马让发布这篇文章的订阅号从自己的微信中消失。用订阅号来推广自己本身没有错，但无休止地投放广告绝对是下下策，真正懂得经营的商家绝不会单纯靠发广告来引起粉丝的关注。

最后，要注意的是文章的内容。一般来讲，用户都是利用闲暇时间来看订阅号里的相关内容的。这意味着，你分享的内容必须简洁扼要，重点突出，而不是长篇大论，即便你运营的是纯分享的平台，这种文章也不会受到太多粉丝的青睐的。

我们以“一条”（微信号：yitiaoty）订阅号为例。这个自称微信上最精致的订阅号，每天都在号里分享各界名人和名店，图文并茂，配有视频，页面简洁大方，时尚感十足。其推送的文章一般短而精悍，通常一两分钟便能看完。从开始运营至今，该订阅号已经获得超过万人的关注，成为公众号里的大咖。

仅把内容发布好还不够，在后台多与粉丝互动才是正道，也是培养粉丝信任的途径。你的粉丝为什么关注你？很大程度上是因为你推送的内容有价值，他们喜欢你的订阅号，自然希望与后台的编辑有更多的互动。聊天答疑无疑是最佳的方式。另一方面，当粉丝在后台和你互动的时候，如果你能够及时解答，他们就会感觉受到重视，从而对你产生信赖。这也是留住粉丝的一个重要手段，而不仅仅是运营微信订阅号的模式之一。

11.3 申请认证，掌握好特权

做好一系列的申请注册、登录管理之后，当你的订阅号运营到 500 个粉丝时，你是时候考虑在微信订阅号的操作界面申请订阅号验证了。

所谓验证，就是加 V，以提升自己的知名度。验证的流程很简单，先在后台找到申请验证的入口，看左边工具栏的位置，你会发现有【设置】一栏。在【设置】栏下面有【微信验证】这样一项信息，点击进去，页面便会自动切换。更新细则说明，验证订阅号平台要收取 300 元服务费，如果同意的话，点击右上角的【开通】按钮便能进入下一步，然后按照提示去申请交费，最后便能获得验证成功，非常简单方便。

微信之所以设置权限验证是为了保证订阅号的质量，虽说是人人自媒体的时代，但微信毕竟是一个大的平台，必须有一定的规则，否则会变得毫无章法，不利于大环境的发展。从这个意义上来讲，微信验证也是帮助用户识别哪些公众号是通过验证的，是值得信赖的，也能够帮助用户筛选一些优秀的公众号以获得更多有用的资讯。

验证完后，商家有什么特权呢？关于这一点，微信验证里有说明。验证成功后，用户可以看见自己的头像有特殊标识，而且有很多自定义菜单以及客服接口。自定义菜单对公众号而言非常重要，这是个性化、差异化的基础，也让粉丝可以方便地查看你的历史消息。

我们来看“不止读书”这个订阅号，目前已通过验证，拥有 15 万粉丝，页面栏下有自定义菜单，用户可以通过随时点击菜单的选项来选择以前发布的文章资讯。“不止读书”是一个推荐书籍的平台，平时也有抽奖活动，所以用户都很活跃。

申请验证、掌握特权一方面是为了让更多的人了解自己，增强自己的公信力，另一方面则是利用公众号的特权来更好地经营自己的订阅号。微信提供的特权相当于 VIP 渠道，商家遇到特殊情况，可以第一时间找客服处理跟踪，节省了不少时间。

如今，很多订阅大号都申请验证了，只为给用户提供更好的体验。为了吸引用户，他们往往会加入更多的特色元素。所以，条件允许的话，商家还是应该申请验证，这对商家的长远发展是非常有好处的。

11.4 图片、视频、语音，打一场漂亮的视听仗

公众订阅号是微信运营中非常重要的一环，它的功能很多，既可以只发送文字信息，或者语音信息，也可以图文并茂，甚至在里面穿插视频。商家如果能综合运用这几种手段，就能在微信营销中打出一场漂亮的视听仗，吸引大家前来关注你的微信订阅号。

一般来讲，订阅号以发图文信息为主。微信规定：发送订阅号图文消息必须有一张封面图，否则不能发送。这规范了图文消息页面的整洁性，督促商家必须遵守微信的规定。这就好比在百度贴吧要遵守贴吧规则一样，这项规定可以保证整体页面简洁，有序可循。

图文形式的消息更吸引用户，大型企业一般都设有专门的微信订阅号编辑。编辑会收集当天要发的主题信息，再配上合适的图片，从而收到较好的视觉效果。

我们以旅行类订阅号为例，该类型的订阅号推送消息的频率较高，发送的图片较多，因为只有大量的美景美食图片才能吸引读者的视线。类似“背包旅行摄影”这样的公众号，主要的推广对象是驴友，除了推送旅游信息，也会推送当前热点的图文消息，内容丰富，图文并茂，非常符合当下读者的口味。

但是，图文消息的发送频次和发送数量是很有讲究的，并不是越多越好。一般来说，每次发送 2 ~ 3 个比较适宜，发得太多的话，读者没有时间读完全部内容，毕竟每个人的闲暇时间都是有限的，读者会挑选着来看，而不会全部都看完。这一点商家尤其要注意。

有很多订阅号是为自媒体个人定制的，所以上面并不缺乏自媒体人群。这些人大都与文艺有关，文艺的东西有时候并不需要太多图片，因为观点的论述或是美文的推荐就能占据很大空间。这种订阅号的读者群并不是为了强行推销某种商品而聚集在一起的，所以整个页面除了封面之外，很多时候就只有大量的文字。

一个订阅号如果做得好，不用主动找人植入广告，商家会主动找上门来。世相便是这样一个公众号。该号每天都会推送一篇观点鲜明的文章，据旗下编辑说，曾经有许多广告商找上门来让世相帮助他们做推广，可世相的编辑全都拒绝了，原因是时机不成熟。一直等到他们觉得时机成熟了，才接了第一个香奈儿广告的视频插入。

商业与文艺结合，再加上唯美的视频内容，一下子便火爆起来。虽然同为植入广告，世相的这种做法并不令人反感，相反地，还让粉丝觉得新奇。这是一次很成功的结合图文、视频的推广形式，取得了令人羡慕的效果。

微信订阅号还能在后台发送语音信息。节假日发送问候语，会让粉丝觉得你很贴心，很多时候发送声音比单纯发送文字要来得感性，也更吸引粉丝的注意。

11.5 自媒体新闻，全面调动用户的兴趣

微信订阅号是自媒体的主要阵地，从 5.0 版本到现在的 6.1 版本，订阅号

的用户已经超过 3 亿人，其中不乏各种大咖。大咖也要赚钱生活，除了靠自身拥有的知名度之外，他们平常是怎样经营自己的订阅号来全面调动粉丝的兴趣呢？

自媒体大咖来自各行各业，推送的大多是对自己行业有独特见解的新闻，个性鲜明的新闻观点无疑是吸引粉丝追随的有力武器。

我们以会计界的自媒体大咖马靖昊为例，其在微信申请了一个名为“马靖昊说会计”的订阅号，每天都会按时推送行业新闻。马靖昊有“会计界的郭德纲”之称，看过他文章的人都知道，其对会计理论、案例解释有自己独特的观点，读者一看便明白，非常实用。也正因为如此，马靖昊的公众号得到许多人的关注，每天在后台都有大量的回复，有回复就有互动，有互动就能抓住粉丝的心，使他们心甘情愿留下来。

自媒体大咖也要养活自己，虽然马靖昊不用想太多的法子来养活自己，可他依然出版会计类的工具书，凭借其在会计界的知名度，其出版的工具书并不愁销路。事实上，他的书自出版以来便大卖，因为工具书的大卖，又使许多粉丝知道他的存在，继而加他的公众号。这是相得益彰的事情，它告诉我们，只要平时用心推送，再加上自己的知名度，微信用户自然会来关注你，这样你就能越做越大，甚至可以靠植入广告来推广自己的订阅号。

自媒体的发展在很大程度上是靠个人在行业里的知名度，从而打响在微信公众平台里的知名度。毫无疑问，微信为所有人提供了一个很好的平台，尤其是那些已有一定知名度、不费吹灰之力就能吸引众人注意力的大咖。青龙老贼就是其中的佼佼者，在微信刚推出订阅号时，他便意识到这个平台蕴藏无限的机会，于是立刻申请了一个名为 ZTalk 的订阅号，在上面推送有关互联网创业的内容，打造自己的个人品牌，很快他就获得数十万人关注。究其原因，就在于他发表的内容观点鲜明，有价值，能够给志在互联网创业的年轻人启发。

也有自媒体利用微信平台插入广告来获得收入，这并非不可取，但如果靠每天植入广告来赚取收益的话，很快就会令粉丝感到厌恶，所以植入大量广告之前要三思。

订阅号为所有人提供了一个推广自己、塑造自己的平台，为了保持页面的整洁，腾讯从最初每天可以推送三次信息到现在只能推送一次，足见其整顿目前订阅号过于浮躁的营销氛围的决心。腾讯的整顿应该说卓有成效，至少现在用户的体验还是不错的，他们能够看见许多原创性的新闻资讯，而不会千篇一律，完全雷同。这也正是微信订阅号的魅力所在。

11.6 自动回复，满足客户的好奇心

用户加商家微信订阅号一般通过以下几种途径：一是在朋友圈里看到喜欢的文章，然后加关注；二是知道企业的品牌，对企业有兴趣，然后加上；三是通过一般性搜索，看见哪个订阅号是自己感兴趣的，于是加上。

无论是哪种途径，用户加关注的前提是他们对商家的订阅号感兴趣。加完关注后还有一个问题，如果你是没有通过验证的订阅号，你的粉丝是无法看到你以前的历史消息的，因此商家要适当作一些事情来满足粉丝的好奇心，这样才有机会彻底留住你的新粉丝。

在这种情况下，微信后台里设置的自动回复就显得非常重要。首先，要看看微信自动回复设置的具体步骤如何。

所谓自动回复，就是当用户输入一些关键字时，会弹出一些他们正在寻找的资讯，从而对你的订阅号推送的内容有更多的了解。以下是订阅号自动回复的主要步骤：

第一步，登录微信订阅号后台，点击页面左边工具栏上的【自动回复】，进入页面后会看见【自动回复】的设置页面。

第二步，则是设置【自动回复】页面中的内容。在这个新页面中，你会看到三种自动回复信息设置，分别是“被添加自动回复信息”、“消息自动回

复”和“关键词自动回复”。

“被添加自动回复信息”是指粉丝初次关注你给出的自动回复信息。商家只需直接输入早已准备好的自动回复文字内容、语音信息和图片，再点击保存即可。

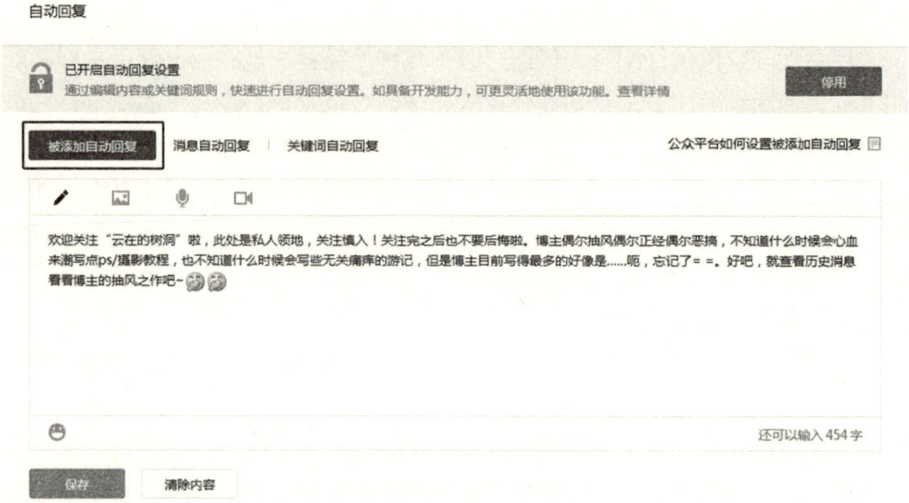

“消息自动回复”是指粉丝随便回复没有关键词的信息时，商家在微信平台回复的信息。操作和“被添加自动回复信息”一样，直接在输入框里输入早已准备好的文字内容、语音信息和图片，再点击保存即可。

“关键词自动回复”是指粉丝回复制定的关键词时，商家所给予的信息回复。

这个操作有点复杂。第一步先点击【关键词自动回复】，进入设置页面，在左边找到“添加规则”。点击进去，这时你需要设置三个信息：一是规则名，这个可以随便命名，但为了方便以后找到自动回复设置的规则，最好用序号来记录编排一下；二是关键字，粉丝回复关键字之后你能给他们带来什么内容；三是粉丝回复关键字之后他们能看见的信息。

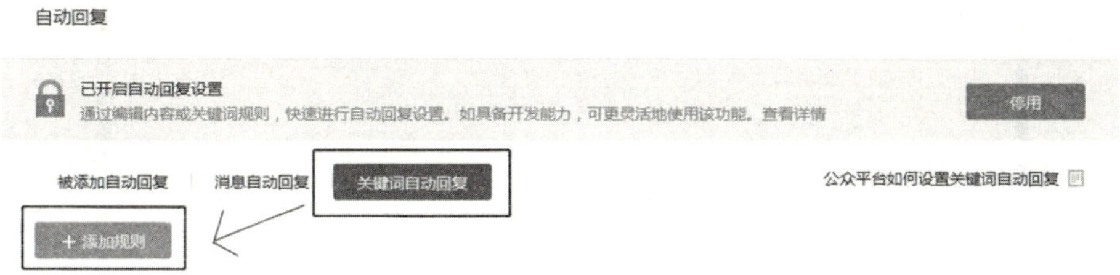

假如你的粉丝在订阅号里回复“你好”，公众号的回复可以是“欢迎关注×××微信公众平台”，也可以设置得更加灵活、更有趣味性，比如可以回复“HI，等你很久了，不过现在来也不迟，×××公众平台将带给你与众不同的感受”。

当用户再回复时，你可以弹出“关键词回复”文字框里设置的内容，让用户根据关键词来推送有效信息，这样便能彻底满足用户的好奇心，让他们知道你的公众号的过往信息。

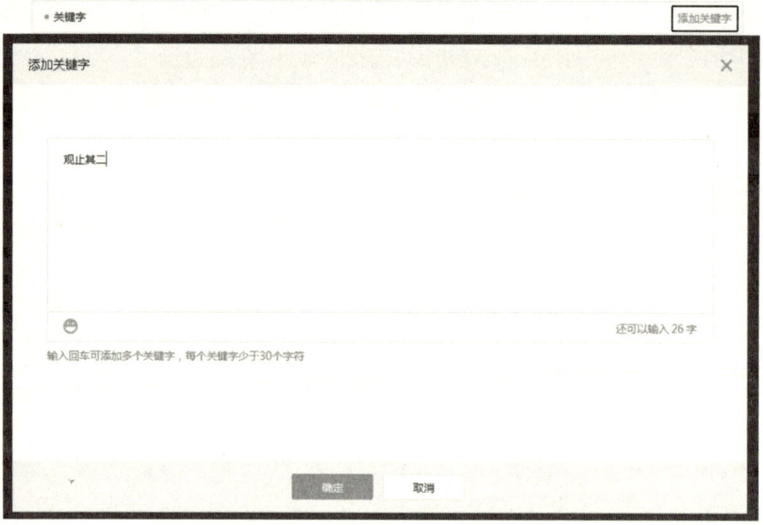

【案例解析 31】

青年电影志：在年轻人中打造品牌电影大空间

微信订阅号里有很多关注数量超过几万甚至几十万的大号，例如青年电影志。看名字就知道这是个有关青春与电影的微信订阅号，专注于青年电影文化，引领新媒体影视潮流，也关注电影界的新人，挖掘最具潜力的未来之星，同时给喜欢电影的人提供一个良好的电影交流平台，形成一个文化群体，也会致力于头脑风暴，让所有人的思想在这里碰撞，为自己的电影梦而奋斗。一言以蔽之，他们做这个订阅号的目的是“用电影定义你的青春”。

电影是大部分年轻人生活中不可或缺的一部分，许多人每逢放假都会到电影院看一场电影，即使没时间去电影院，也会在家看一部电影，以打发时间，放松身心。

微信里有很多电影推荐订阅号，为什么唯独青年电影志这么火呢？究其原因，与其独特的运营模式分不开。对于一个公众订阅号而言，定位很重要。青年电影志这个订阅号，从名字上就鲜明地告诉它的用户：我们主要的受众是对电影感兴趣的年轻人，我们会推送与电影有关的文章。名字上做好了定位，接下来微信平台的运营就好办多了。

不少年轻人对电影创作和制作有兴趣，青年电影志的 CEO 就是一个典型的 90 后，还是 2014 年清华大学经管学院的应届毕业生。为了圆自己的梦想，他毅然休学投身电影界，只为了做一些自己喜欢的事情。

由此可见，青年电影志的领导本来就是一个传奇人物，这给该订阅号的运营增添了几分神秘色彩，并在一定程度上起到了示范作用，年轻人往往会因为好奇而去了解一个人和一件事，而了解这个人或者这件事最好的办法就是查看这个人的生平介绍和杰出成就。这些资料他们只要关注青年电影志的微信订阅号就能了解到。

人一旦有了动机就会采取行动，更何况寻找、添加一个微信订阅号非常方便、快捷，故而青年电影志能够在很短的时间内在年轻人中引爆流行，成为时下最火爆的电影微信订阅平台，给那些热爱电影的年轻人一个很好的交流平台。

青年电影志推送的文章很有讲究，既然已经设置好几个专栏来推送信息，那么关键字的回复就显得很重要。这是决定初次关注订阅号的粉丝和已经关注很久的粉丝能否继续留在订阅号里，关注他们信息的一个重要环节。

不要小看关键词回复这个步骤，它对管理微信平台的文章和信息有很大作用，能够给粉丝更清晰的途径去了解他们的微信平台。

除了有明确的定位外，懂得一些维护经营的技巧也很重要。掌握这些技巧，你不用植入太多的广告也能出奇制胜，靠自身的营运便获取众多粉丝，成为拥有数十万粉丝的大号。

【案例解析 32】

中信出版社：定时图书新闻引爆文青眼球

中信出版社每天都会推送一条图文消息，其中至少包含两篇文章，不一定是新书推介，有时也会发布图书界的盛事，例如向读者介绍 2015 年全球最具权势的女性，或者推送一些当前的热点。因为有娱乐互动，所以整个平台的氛围都很活跃。

为什么中信出版社的订阅号做得如此火爆？原因除了有专门的编辑维护平台的日常运营之外，中信出版社一贯的运营思路也很重要。

虽然中信出版社的知名度很高，能够轻松吸引到大量的读者关注他们的微信平台，可是如果你推送的内容不符合读者口味，照样会流失粉丝。

而细心的读者会发现，中信出版社的订阅号始终秉持其一贯严谨的风格，定时报道图书界的重磅新闻，给大量文青一个方向指引，让许多人能够第一时间了解到自己所处行业或者自己关注的领域发生了什么大事。这一点很难得，也具备了时效性。

由于微信订阅号每天都可以推送，在一定程度上相当于一种实时新闻热点播报，而且一条订阅号的推送可以包含五六篇文章，这样商家在推送信息时必须斟酌好重点，哪篇文章放头条，哪些文章比较次要，这些都是有讲究的。别忘了，用户的业余时间总是有限的，微信里有成千上万个平台，能够把手头的订阅号看完不是一件容易的事。所以，把握好文章的数量和重点非常重要，这样才不会让读者觉得你的文章拖沓，内容太多不知从何看起。

中信出版社的微信公众号运营无疑是成功的，可大多数商家并不具备中信那样的知名度，除了在文章的质量上下功夫外，做好微信的运营也很重要，例如在后台与读者互动。

当发表一篇文章后，读者往往会将自己的阅读感受写出来，希望和编辑互动聊天，此时便是商家与读者建立信任感的重要机会。这种时刻不是时时有，因此要尤其重视。条件允许的话，商家可以让编辑坐班，在后台及时回复读者的问题和建议，这样的服务才够贴心，也能给读者更多的惊喜。遗憾的是，现在很多微信平台都做得高不可攀，光顾着推送信息却不重视与用户粉丝的交流，这会让粉丝感到心灰意冷。久而久之，他们对你的文章可能不再感兴趣，最终退出你的订阅号平台不再关注。

由此可见，除了做好文章的推送质量，还要积极地与读者互动，才能抓住人心。

【案例解析 33】

正和岛：金融信息一览无余，吸引产业关注点

正和岛这三个字，对于金融界以外的人可能比较陌生，但对于时刻关注金融、互联网的人来说，这三个字却很重要。

正和岛的定位，从一开始便是做国内顶尖的人脉与价值分享平台，它在国内打造了第一家对企业家实行实名制、会员制、收费制、邀请制的网络社交平台，其规格和质量之高，远非其他平台所能模仿的。

正和岛推崇互利共赢，虽然也有博弈，但更多地是想融合博弈论里的零和与负和，让竞争双方在竞争博弈的同时，能够通过深入的合作来创造比单纯竞

争时大得多的价值。正是这一理念使得正和岛在互联网金融界的地位十分特殊，能进岛的人都是思想独特的大咖，这为正和岛的微信公众号带来了第一批忠实粉丝，因为正和岛每天推送的信息大都是与金融界相关的，也有互联网领域的。每天大概推送五篇文章，第一篇必定是金融界或者互联网发生的大事，其次便是案例分析与研究、纯干货文章，还有一些轻松搞笑又能让人长知识的幽默文章。这些文章要么转载自各大知名网站，由权威人士来分析，为读者提供最深入的分析，要么来自正和岛自己原创的文章。

抛开正和岛的背景不说，其推送文章的内容、数量和时间都是值得我们学习的。正和岛大多选择在下午或者傍晚时分推送文章，这一时间段是人们快要下班的时间，正好可以看看当天的互联网、金融界发生了什么大事，也可以通过看幽默的文章来打发一下时间，并从中学到知识。这一安排，巧妙地抓住人们的作息时间和心理，所以推送出去的文章阅读率和转载率都很高，有阅读率和传播率，自然能涨粉。只要粉丝增长，就不愁流量不含转化为现金。

虽然正和岛不缺钱，但正和岛这个分享平台的开放性、文章的价值性，还有推送文章时考虑的因素等，都是值得商家学习的。

做微信订阅号，主题很重要。正和岛的定位是分享互联网和金融界有价值的东西，所以它推送的文章均与这两个行业有关，而这两个行业在很多时候是相通的。这决定了正和岛在文章定位方面非常精准，也决定了它的文章精而不乱，更能聚焦众人的目光。

这个经验值得商家借鉴，做微信订阅号主题要鲜明，做事要专注，这样文章的质量才能提升，关注你的人才会越来越多。

【案例解析 34】

奇瑞汽车：与粉丝直接互动，提升品牌接受度

2014 年上半年，汽车行业的销售低迷，但恰恰在这个时间点上，奇瑞汽车创造了令业界赞叹的销售成绩。据奇瑞汽车公布的数据，仅 7 月份奇瑞便在国内市场销售了 25175 辆汽车，同比增长 38.3%，环比增长 11.2%，呈现出良好的增长态势，为下半年开了个好头。

奇瑞之所以取得这么好的销售业绩，除了有几款好的车型外，更与公司年内制定的战略有关，尤其是与营销策略有很大关系。

奇瑞以售后服务著称。在一次调查中，奇瑞的顾客满意度在自主品牌中排名第一，在整个行业里排名第六。这表明奇瑞有很好的销售服务体系，该体系

提升了奇瑞的品牌形象。但是，仅靠售后服务赢得消费者的心是不够的，奇瑞深知这一点，所以在品牌推广方面他们也下足了功夫，常常让消费者惊喜不断。

2014 年 7 月，奇瑞斥巨资赞助了央视大型真人秀节目《大魔术师》，正式打响营销推广的第一枪。这种通过赞助节目来推广自己品牌的活动一般都有多个平台，奇瑞就在赞助过程中，充分运用了微信订阅号。在和粉丝互动方面，奇瑞比其他订阅号做得都更用心，其订阅号里有一个版面叫“闲聊狂聊想聊就聊”，正是这个版面激活了奇瑞与粉丝的互动。

微信订阅号都是单方面的推送和分享，想要和粉丝互动有一定的难度。但奇瑞却抓住订阅号与读者互动不足的软肋，和读者互动到底！这十分难得，也是一个突破口，用户因此对奇瑞汽车的品牌认知度逐渐提升。

及时与用户互动，就意味着能及时了解客户的需求，如果他们有任何问题或者需要，后台也能在第一时间知道，这样便能把握好商机，为用户提供最忠诚的建议。

一个建议可能微不足道，但如果商家提供的建议用心且有用的话，粉丝会非常乐意与你互动，因为你给他们带来了好处，他们自然会对你产生信任。当然，更大的好处在于你获得了一个有效粉丝，为你的品牌宣传作出贡献。

与粉丝直接互动，这是微信订阅号未来的趋势，沟通总是解决问题的最佳方法，也是传播产品的便捷手段，商家如果能运用好，其产生的营销推广效果也是难以估量的。

第 12 章

自定义菜单：设置一二级菜单，有效回复，营销无处不在

自定义菜单是什么？简单说，就是能够让用户在关注你的订阅号后第一时间获得你的有效回复的一个应用。千万别小看这个应用，它是订阅号里一个十分强大的功能，能够在第一时间为你捕获用户的眼球。

12.1 加 V 认证是前提，材料完备赢信任

微信订阅号从最初发展到现在，已经具备自定义菜单，让商家能够更加自如地根据订阅号内容的特点来制定相应的菜单，从而方便用户查找。

自定义菜单虽然好，但不是每个订阅号都能添加。微信在营运方面设定了条件，必须通过验证，拥有 500 名粉丝以上才满足加 V 的条件。所以，商家还是要努力营运。

此外，在具备加 V 资格后，商家准备完善的材料也很关键。

微信在申请验证方面比较严格，准备好微信官方所需的材料可以降低商家通过验证的难度，同时提高商家订阅号的效率。

目前，订阅号可通过两种方法来验证：一是腾讯微博已经验证过的关联微信认证，这样会省事很多；二是直接通过微信官方验证，这种方式需缴纳 300 元材料费。

在目前的规则下，微博关联微信验证方式只能是个人名称，而不能是个体户或其他，如果你叫张小白，那么你可以通过这个名字，借助腾讯微博的关联验证来关联微信订阅号，然后获得自定义菜单功能。如果是公司或企业要验证，必须提前准备好材料，同时再缴纳 300 元的材料报备费，这样才能通过验证。

现阶段通过第二种方式验证的订阅号最多，毕竟第一种关联微博验证的受众并不多，所以商家还是要通过提交 300 元材料报备费才有可能获得加 V 验证。

微信平台里自媒体的人数很多，想要打出自己的名声，就要在运营方面狠下功夫，而加 V 微信号在很长一段时间内还将是吸引用户关注你的重要手段。

这就是加 V 的魅力，许多订阅号大咖都在默默加 V，然后将自定义菜单弄得很精致，这让微信订阅号的页面呈现出一种多元化和智能化的趋势。

36 氪是时下非常火的一个订阅号，主要聚焦互联网资讯和创业。该号经常在平台里分享互联网的最新资讯和一些干货，也有人物访谈、视频录像，全方位呈现出整个互联网的发展前景和一些创业人物的思想，非常有魅力。

该号通过了验证，自定义菜单一览无余，读者在关注订阅号之后，能够立即通过自定义菜单来快速查找自己感兴趣的内容。36 氪在方便自己运营的同

时，也增强了用户体验。

由此可见，申请验证对于商家而言，非常有用。如果你想在微信上做营销，那就不要吝啬手头的300元钱，及时去申请验证，相信你会获得超出预期的东西。

12.2 一级菜单设置精准，解惑吸引皆为大

商家通过申请验证后，如何设置自定义菜单就显得非常重要。一般来说，一级菜单的设置必须精准，几个关键词的运用也要吸引人眼球，这样才能充分利用自定义菜单的功能。

举个例子，如果你是做图书推广的，那么你的受众肯定是一群到处觅书的书虫，因此你可以根据人群的特点来设计自定义菜单。由于一级菜单在设置上必须足够吸引人，而且只能是几个关键词，所以遵循简洁法则就显得很有必要。

简洁、个性鲜明的东西总是能吸引人们的注意力。如果你想利用微信订阅平台来做书籍推广，那么不妨按照“寻书、品书、购书”这样的套路来设置。一般来讲，一级菜单的设置风格可参考订阅号平时推送内容的风格。如果你做的是比较严肃的订阅号，那么关键字的设置要与订阅号的风格匹配；如果你做的是轻松愉悦的订阅号，那么适当搞怪一点更能吸引粉丝的注意。究竟选哪一种，完全取决于你的平台属性。

商家申请验证完后，进入订阅号编辑后台便可在工具栏左边看到【编辑】功能上设有【自定义菜单】。如果没有申请验证，左边编辑栏只会显示【群发功能】、【自动回复】和新增的【投票管理】功能三个选项。商家点击【自定义菜单】选项即可进入自定义菜单设置页面。进入页面后，只需点击菜单管理旁边的【＋】，便可以添加一级菜单了。

一级菜单原则上只能设置三个，这对商家设置主菜单关键词的技巧是个考验。但无论你的逻辑思维怎样，最终还是会回到“简洁”二字上，因为越简洁、越单一的东西，越能给读者眼前一亮的视觉。这一点，商家务必要牢记。

我们以果壳网的订阅号为例。该订阅号的一级菜单设置了三个关键词：一是长知识，二是来玩，三是万有市集。因为果壳网专注于为用户提供有趣又好玩的科学知识，所以平时推送的文章都是与科技科学相关的。这些文章语言诙

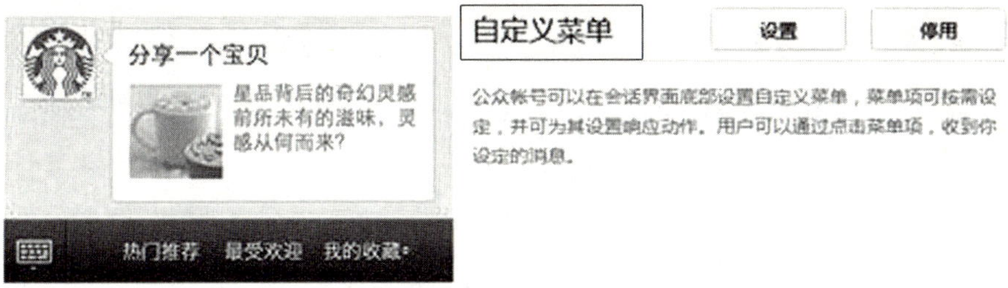

谐有趣，非常受读者欢迎。

“长知识”这个关键词不用说，一定是在里面收集了果壳网以前推送过的历史消息，用以吸引读者，让读者更多地了解果壳网的定位。

“来玩”关键词向读者展现了一些好玩有趣的问题和答案，并邀请读者进行问答互动。这在一定程度上活跃了订阅号后台，也让订阅号知道读者对哪些内容更感兴趣。

“万有市集”则是一个买卖平台，可以链接到果壳网商城，点击购买果壳网的商品，一般都是模型之类的益智小玩具，读者有兴趣的话可以在上面购买。

由此可见，果壳网订阅号的形式比较多样，功能非常齐全精准。

12.3 二级菜单要详尽，图文回复更专业

一级菜单设置完后，一般还要设置二级菜单。二级菜单是一级菜单的详细分类，是在一级菜单的基础上再做一个更加精准的分类，以便用户能够按照自己的兴趣爱好来查看内容。

一般来讲，二级菜单设置图文回复会更专业一点，也能让商家在二级菜单上做出与其他订阅号不一样的东西。换句话说，商家能够通过二级菜单来做更精准、更有特色的东西，为用户提供全新的体验。

我们以“新科技”订阅号为例，这是网上一个名为“豆腐脑联盟”的加盟者之一。“豆腐脑联盟”是一个关注文化创意领域的自媒体联盟，该联盟涉及文化、艺术、创意、设计、音乐、时尚、摄影、美食等领域，目前已有50多位盟友，都是各行业领域的大咖，非常有代表性。这使该联盟获得了飞速的发展，单凭这一点便非常诱人。

“新科技”便是在这种情况下加入的，其在一级菜单下设有三个关键词，二级菜单下设有四个关键词，其中既包括新科技微社区，也包括“豆腐脑联盟”的介绍，图文并重，非常诱人。

“新科技”平时推送的文章都是设计界最前沿的内容，包括最具时尚感的设计，也有一些软件、平台APP的新功能介绍，同时还有视频呈现，非常多元化。再加上一级菜单、二级菜单的辅助，更加吸引读者去传阅。而“新科技”也能根据一级、二级菜单的基本设置逐渐完善或者添加新的内容。

这就是二级菜单的作用，在一级菜单设置良好的前提下，二级菜单能够凭借图文回复信息，为读者提供更加丰富的阅读列表和清单，让他们找到适合自己阅读的内容。

微信平台上有成千上万个订阅号，商家为了争抢流量和推荐位，不惜一切代价去吸引用户来关注他们的订阅号。通常，在订阅号文章下面都会有其他广告链接软植入，这并不会影响用户阅读文章，但只要用户点击里面的广告，商家的引流任务也就完成了。这正是商家为什么要设置自定义菜单的原因之一。因为自定义菜单相当于一种导读，无论是初次关注的用户，还是持续关注的用户，在自定义菜单的引导下均可以快速搜索订阅号里的精品内容。

这是所有商家的如意算盘，当然也不排除一部分自媒体订阅号真的是为了

让粉丝享受到快捷方便的体验，才去做这样一个比较智能化、个性化的服务。总而言之，只要商家把握好自定义菜单这项个性化的功能，就能够把用户留下来，变成他们的有效粉丝。

12.4 设置互动菜单栏，为粉丝创造共同体验

虽然商家可以详细设置二级明细菜单，以方便用户了解订阅号内容，但二级明细菜单的内容设置也是有讲究的，不但要详尽，有吸引力，还要适当增加一些互动项目，这样才能及时解决用户的问题，同时增进用户的信任感。

微信订阅号虽然功能强大，推广效果也不错，但要通过后台才能回复用户的问题。目前安卓系统是没有微信后台管家这一类软件的，这意味着编辑要想及时回复用户的问题，必须 24 小时坐镇后台，这给后台维护带来极大不便。如果弄一个专门留言互动的页面，或者弄一个微信社区链接放到二级菜单里，商家便能从容地在互动页面里集中回答用户的问题。

而且，如果商家弄的是微社区链接，就不仅仅是用户和商家互动了，用户和用户之间也可以随时发送状态和评论别人的消息，这样活跃度会大大增加。

订阅号“新科技”就深谙互动的重要性，所以在订阅号的二级菜单里设置了微社区互动链接，用户只要点击这个链接便可以跳转到“新科技”自行搭建的微社区平台，在里面畅所欲言或者提出问题、寻找答案。这些看似和微信平台的运营没有什么关系，可一旦留住这些用户，使他们成为你的有效粉丝，其作用就显现出来了。起码在你做产品推广时，能够一呼百应，让粉丝主动转发你的产品信息，以提高产品的曝光率。

不仅“新科技”，其他订阅号也会根据自身行业和产品来设置相应的互动菜单栏，以方便用户找到吐槽的地方。“我爱问幸知”也是一个热门的微信订阅号，里面的一级菜单便有一个名为“幸知女学馆”的互动专栏，点击进去，可以看到发帖量和浏览量，往下翻动还能看到许多实时热帖，用户在里面火热互动，讨论有关感情、工作方面的问题，人们会给出自己的建议，也会在里面吐槽。总之，各式各样的互动行为都有。

由于该订阅号专门解答女性的感情问题，所以聚集在这里的大多数是女性，无论是学生还是在职白领，抑或是已婚妇女、专职妈妈，在这里都可以说出自己的疑惑，然后会有很多热心人士帮你分析解决问题。这是一个非常好的

互动平台，商家提供这样一个平台，不必常去管理，只需让营运公众平台的编辑定时上去管理，或者和用户粉丝一起互动，就能够迅速与用户建立起良好的关系。

12.5 logo、营销产品软植入，创意 VI 去反感

虽然腾讯针对订阅号滥发广告的行为出台了一系列规则和条例，以此来整顿微信的秩序，但这并不意味着我们不可以通过订阅号来做推广。因此，聪明的商家都在想方设法植入自己的品牌广告或者推广信息，以求让微信订阅平台发挥最大功效。

腾讯并不反对 logo、营销产品软植入，只要 VI 设计得好，版面就会显得很整洁。只不过微信订阅号的页面空间有限，如何在有限的版面上做出令人满意的页面，就成为摆在所有商家面前的一道难题。

“一条”是一个专注于设计、生活、创意等各种信息的订阅号，该号每期都会结合一个简短视频向用户推送美食、旅行或设计方面的文章。由于界面设计精致、内容给力，上线半年来就获得了上万粉丝的关注。

从某种意义上来讲，“一条”就是一个软植入广告的平台，就连它每期介绍的人物、建筑、美食等都是在做一种推广。为了让用户的体验更直观，“一条”很早便申请验证，并设置了生活、潮流、文艺三个自定义菜单。其中生活部分的二级菜单目录包括叶放说茶、隐世小店、达人厨房等，都是时常推荐的栏目，尤其是隐世小店，更是挑选那些低调奢华、鲜为人知的店铺来作为推介，让用户心生向往，极力想一睹这些小店的真颜。

“一条”这种软植入模式，经过精美的包装后大胆而直接，同时页面设计精简，一点也不会令用户感到厌恶。一个订阅号能做成这样实属难能可贵，值得众商家学习。

如今，许多订阅号文章的底部都有广告软植入，这都是商家与外面的广告商合作开展的推广，当然商家的文章里也会植入自己的 logo、公司简介等信息。至于如何将广告植入得悄无声息则是个技术性问题，因为商家在做推广时也知道用户不喜欢太多的广告植入，这会影响观感，处理不好的话，很容易流失粉丝。这是商家大忌，所以在设置自定义菜单的时候要多想想这方面的问题，以免得不偿失。

12.6 定期更新或更换，新鲜维护粉丝群

通过验证、设置好自定义菜单后，事情还没结束。你必须不断更新，向用户提供新鲜的内容，这样才能持续吸引粉丝来关注你的平台。对此，36 氪的经验值得借鉴。

由于 36 氪的定位是互联网创业平台，而互联网行业发展迅猛，如果 36 氪的后台编辑不及时更新内容的话，很容易被潮流、用户抛弃。为了应对这种危机，36 氪专门在自定义菜单里设置了一个实时更新的页面，该页面类似于社区的形式，只要在互联网创业方面有任何更新信息，这个页面就会实时得到这些文章的内容，并提供给用户了解和阅读。这种做法省时省力，在一定程度上减轻了编辑的工作量。

36 氪是一个上市公司的订阅号，有专人运营，但很多微信订阅号的主人却是小型商家或是自媒体，人力、物力有限，不能像 36 氪这样在平台之中再搭建平台来扩展维护自己的粉丝。那么，像这样的小型商家和自媒体又该怎样花更少的时间去做更多的事情呢？

答案是设置好自定义菜单的更新周期。如果你每天都推送文章的话，可以根据文章内容的归类汇总，隔几天在自定义菜单栏里更换一遍，这样在有新用户关注你的时候，就能看到最新的热门资讯。如果是老粉丝，他们不可能在业余时间看完你推送的文章，这时你也可以通过自定义菜单的设置来让粉丝有选择地阅读你的文章，从而提高文章的传播率。

要知道，用户都是有选择地阅读你推送的文章的，除非你的标题足够吸引人，否则他们是不会点击进去阅读的，毕竟用户订阅的号不止一个，如果订阅的栏目多，他们根本无暇看完所有的阅读号文章。此时，自定义菜单便起大作用了，用户可以通过查找自定义菜单来筛选自己感兴趣的内容，这样就不用漫无目的地往上查找，从而节约了时间。

由此可见，设置自定义菜单不仅可以降低维护成本，还能改善用户体验。

【案例解析 35】

乐侨文化传媒：全媒体出版平台，二级菜单全显现

乐侨文化是一家致力于创意设计活动、利用先进的商业模式去打造各种图

书策划活动的媒体出版公司，非常有活力和创造力。该公司以图书出版为核心，通过图书、微电影、栏目等全媒体出版的形式，为企业、企业品牌、社会精英做品牌定位、包装及推广服务。换句话说，就是一家专门为商家品牌推广量身定做的策划公司。

该公司的订阅号做得非常到位，每当有用户关注该公司的微信订阅号，便会第一时间弹出一条自动回复——“欢迎您关注‘乐侨文化传媒’微信公众平台官方订阅号，更多精彩请查看下方菜单栏，谢谢您的关注！”这条自动回复信息直接诱导用户去看下面的自定义菜单栏，使得客户能够主动了解乐侨文化是做什么项目的。

自定义菜单的一级菜单栏有三个关键词，分别是北京乐侨、服务案例、传奇 109。这三个关键词所包含的内容均不同，用户看到这三个关键词的时候会对乐侨文化平时推送的内容有个大概的了解。一般来讲，一级菜单的作用是让用户对商家订阅号的营运内容有一个基本的认识，其目的是吸引用户的注意力，让他们一看到这三个关键词便主动点击二级菜单，看看商家究竟是推送什么内容的。

乐侨文化是一个全媒体出版平台，当公司为某个作家策划一本书时，从这本书的基本信息开始，到出版校正、策划，甚至对作者的访谈等都是由乐侨文化一手包办。这就是全媒体出版平台的意思，即“一次采集、一个平台、多个出口”，这样便能定时定点跟踪，在策划过程中就不会出太大的岔子，而且更有利于提高宣传的效率。

在运营微信订阅号时，乐侨文化会围绕公司的特点来推送各种业务的信息，所以二级菜单的内容设置非常详尽。“北京乐侨”这个关键字下主要介绍公司的微官网和公司颇具影响力的两个人物，相当于介绍公司发展历程的一个页面和菜单。“服务案例”主要介绍公司每天的动态，有哪些服务案例是经典的，值得用户去了解的，从而推广自己的服务。“传奇 109”则介绍公司的传奇、别人对公司的印象，以及怎样加入和联系乐侨。

纵观乐侨的整个自定义菜单，可谓制作专业、精良，思路清晰，为推广自己的服务设置出一系列的流程，让用户一目了然。这样的自定义菜单设置无疑是成功的，商家既然要推广自己的服务，就不用扭扭捏捏，直接在用户面前摊开便可。有时候，直白一点效果可能会更好，而且自定义菜单的字数是有限的，商家必须简洁利索地运用这个功能，从而让用户第一时间知道你的订阅号是否符合他们的阅读预期，最终关注你的订阅号。

乐侨文化能够将自己的平台推广出去，很大程度上是因为自定义菜单栏发挥了作用，尤其是二级菜单能够让用户直观地了解他们的运营内容和范围，然后找到自己感兴趣的部分。通常写得好的文章都会被分享到朋友圈，这样就达到乐侨文化运营订阅号的目的了。

【案例解析 36】

P2P 圈：前沿金融定期更新，网贷平台抢先知

关注投资的人想必都知道 P2P 网贷平台。P2P 作为时下最热门的投资平台，已经吸引数以万计的人去投资，当然也有商家通过这个平台去融资。但是 P2P 是一个全新的平台，在法律上有许多灰色地带，用户如果想投资 P2P 项目，就必须对它有足够的了解。

基于这个原因，订阅号"P2P 圈"应运而生，为广大用户提供大量关于 P2P 新闻介绍的文章。这给那些对 P2P 网贷一知半解的用户帮了一个大忙。

初次关注 P2P 圈后，该订阅号会自动回复一段简介，让用户知道这个平台是最专业的 P2P 网贷微信，它提供有用权威的行业观察、客观准确的 P2P 网贷平台评析、专业中立的 P2P 投资理财策略，打造 P2P 平台高管、投资人、借款人各主体的微信交流圈。

P2P 圈设有自定义菜单栏，用户想知道的资讯在自定义菜单栏都能找到。由于 P2P 网贷是一种较新的理财平台，许多人并不了解这个平台上的公司是否能投资，所以 P2P 推出【实用指南】一级菜单来为用户答疑解惑。用户只要点击【实用指南】便会看到二级菜单里有两个选项——【投资理财必读】、【平台高管必读】。随便点开一个，会获得 P2P 圈的自动回复，点开文章查看文章里的指南，进一步回复数字就可以获得自己想要的相关资讯。

由此可见，P2P 圈做得非常人性化。在你借助公众号平台做推广的时候，设置一个实用指南来供用户了解详情很有必要，只有用户对你的平台有一定了解后才会感兴趣。当他们对你的产品产生兴趣，你就可以进一步引导用户去深入了解。P2P 便是如此，在用户对 P2P 有了一定了解后便引导他们进入交流页面。这其实是一个微社区，里面有很多提问和推介，用户可以从中获得有用的资讯以及关于 P2P 的最新消息。这个交流平台非常活跃，P2P 圈之所以建立它，就是为了克服订阅号的缺憾，增进与用户之间的互动答疑。

除了微社区，还有"圈友服务"菜单，主要提供法律咨询、项目对接、平台测评服务，有利于投资者、被投资者进一步了解 P2P 行业的最新资讯，让他们得到真正的帮助。

对于P2P这种创新性的行业，及时为用户答疑解惑非常重要，起码让用户知道这个平台比较活跃，并非死气沉沉，这在一定程度上能够获得用户的信任。这一点，值得许多微信商家学习和借鉴。

【案例解析37】

文交联合：文化金融试验区，千万文民共互动

文交联合是一个将金融与文化融合在一起的平台，全称是文化艺术品交易所联合平台，总部位于北京CBD商圈，它融合纽交所、上交所、保险公司等国内先进公司的优势，形成一家创新力十足的企业，其产品的上市模式和交收的具体流程都有自己的准则。

了解了文交联合的背景后，对这种新的商业模式感兴趣的用户就会搜索文交联合的订阅号，以便对它有更进一步的了解。

文交联合早就通过验证，设置了自定义菜单，以方便用户查找订阅号里的文章。文交联合的自定义菜单有三个一级菜单，分别是："文交联合"，主要介绍文交联合的发展历程；"资产包"，主要是一些教育培训、艺术品、影视传媒等方面的内容；"文民开户"，主要介绍如何加入文交联合，以及相关的交易管理办法，内容详尽，让人一目了然。

这是一个标准的自定义菜单，无论是新用户还是老用户，都能够在第一时间找到自己需要的信息，而这也正是运营方希望的。除此之外，商家还可以软植入公司的logo，或者在文章下面植入外面平台的广告。

设置自定义菜单主要是为了让用户感觉到订阅号的专业性，所以许多二级菜单的回复都是图文并茂，让用户能够进一步了解商家平日推送的重点内容。

文交联合也不例外。一个好的订阅号平台，除了推送的文章有一定水准外，在页面设置方面也十分讲究，文交联合的订阅号给人一种平整庄重的感觉，其大多数文章都是介绍某种值得投资的标的，然后引导投资者去关注，并提出较好的建议。这是文交联合的特色，也正是这一点才能留住对文化和投资感兴趣的用户，让他们真正感受到文交联合的魅力。

订阅号最终的目的是宣扬自己的公司品牌，而要让用户对公司留下深刻印象，设置好自定义菜单非常关键，菜单设置得好，商家不仅可以省去大量的广告宣传费，还能提高宣传效率，让用户时刻关注商家订阅号的最新资讯。如果商家有互动页面，还能和用户在微社区里交流，通过浏览微社区的信息和留言便能知道用户的关注点和疑惑之处，这样也有助于商家分析产品市场和用户的

特性，从而作出适当的调整。

此外，文交联合还定期更新自定义菜单的资讯，真正做到按时更新，让用户能够花最少的时间了解到更多的热点问题，更好地维护了新老粉丝的忠诚度。

第13章

微信小店：玩转微店商业模式，产品营销轻松领军

“如果你错过了十年前的淘宝，那么就不要放过十年后的微店。”这是微店宣传常用的广告语。纵观当今的互联网趋势，也确实如此。当然，商家也不能盲目地去开微店，因为微店的属性和淘宝网店是有本质区别的。

13.1 微店注册及基本设置

微信的发展战略从一开始就很明确，即打造一个集社交、娱乐、购物于一体的平台，从而为用户的日常生活提供便利，同时从营销的角度来看，让商家能够运用层出不穷的手段去开展各式各样新潮有趣的营销活动，以此来吸引客户。

在完成社交方面的完美布局后，微信开始转向商城购物。这其实不难理解，微信的竞争对手是阿里巴巴，“出淘”事件发生后，腾讯更加坚信要将微信商城做起来，所以才推出了“微店”这个网购平台。

商家申请微店并不难，微店刚推出时，商家必须拥有订阅号才能在电脑上申请微店，现在规则简化了许多，这也从一个侧面说明腾讯要全力做好微店这一网购平台的决心。

如果你想在微信上开微店，既可以在手机上下载一个“微店 APP”，也可以在电脑上搜索“口袋通”（现已更名为“有赞”），点击进入进行相关操作。

先说电脑上开微店的操作。先在百度搜索“口袋通”，找到口袋通官网点击进去，便会看到教你如何开微店的导语。在网页的左边导读栏上有一个醒目的红色按键，上面写着“立即注册免费开店”的字样，商家只要点击进去便能进入注册页面，注册所需的资料包括手机号码、短信校正码、密码的设置、个人昵称，这几项是必填项，还有最后一项“推荐码”可填可不填。将全部信息填写妥当后点击【确认注册】便能进入微店的设置页面。

这时你会看到一个界面简洁的微店页面后台。在这里，你可以对微店后台有一个感性的认识，接下来再设置微店所需的各种信息。

如果商家不方便用电脑，那么在手机上下载一个“微店 APP”也可以。只需要在安卓平台上搜索“微店”二字便能搜索出许多有关于微店的 APP，商家只需要认准红色的带有一个“店”字的 APP 便可以。点击下载并安装，进入微店页面后，注册步骤和电脑一样。

微店商城的功能非常多，页面设置和淘宝商城也大不相同，商家之所以选择微店商城，很大程度上是因为微信给他们提供了新的商机，毕竟淘宝平台已经有太多的商家进驻，很难抢得第一先机，而微信现在刚打造出微商城，商家通过一部手机就可以设置商品，这比淘宝平台便捷高效得多。这既是微店的如

意算盘，也是网购平台的后来者给商家提供的便利，所以微店推出后，立刻有数以万计的商家进驻，想要挣取微店的第一桶金。

结合微信和微店共同对商品进行推广，这对商家而言事半功倍。

13.2 确定微店售卖产品，卖产品不如展示产品

商家开通微店后，接下来的工作便是上传产品的照片并想好产品的宣传文案。如果商家有 10 个类别的商品要出售，那相对还算轻松。如果商家的规模很大，商品种类繁多，那微店的店铺设置、商品设置等事务相对来说就会比较棘手。

虽然微店被视为未来的淘宝，但就现阶段而言，与淘宝还有较大差距，毕竟淘宝有很长的历史积累，拥有大量优秀店铺和忠实买家，微店一时半会儿还无法取代淘宝。但微店也有其自身的优势，即它拥有巨大的发展潜力，任何有远见的商家如果错过在淘宝上的第一次掘金机会，绝不能错过在微店上的第二次掘金机会。

目前，微店的推广还面临许多困难，毕竟是移动网络端，用户进入微商城后不可能马上找到你的微店，很多时候商家只能通过微信朋友圈和订阅号平台来辅助他们进行推广。

当然，也不乏从微博营销成功转型为微信营销的案例。微店营销推广在很大程度上是展示自己的产品，与其说他们在卖产品，倒不如说他们在平台上展

示产品，从而将这些流量引到他们的微店，最终形成销售。

首先，微店的店铺设置要精准。无论通过手机还是电脑，都能对微店的商品进行准确描述，将商品的照片上传到平台上，然后对商品进行详细描述，包括品名、规格、价格等。刚开始，很难靠微店来吸引客流。如果商家之前在微博上做营销，完全可以通过它来引流，让用户粉丝知道商品的外形、特征以及在哪里可以买到，最终引导他们到微店购买。

WIS 护肤微店就是从微博营销上成功转型到微店经营的典范。WIS 护肤微店在微博营销时便已拥有 30 万粉丝，其在微博上不断展出自己的商品，让消费者知道何时上新品，并告诉他们除了在淘宝上能买到 WIS 的产品，在微店上也能买到。

由于人们花在微信平台上的时间越来越多，将流量引到微店并不困难，只要在展示商品上做好充分准备，激起消费者的兴趣便可以了。这一步虽然简单，但真正做好并不容易。

WIS 护肤微店虽然靠微博粉丝完成了向微店的转型，但在很多营销细节上还是得做得很好，才能为后续的引流和微店推广打下良好的基础，不至于让后续事宜不了了之。

13.3 利用多种渠道推广微店里的商品

微店发展之初，需要考虑如何引流、在哪里引流、如何将流量转化为微店的业绩等诸多问题。不难想到的是，微店可以通过各种知名的营销平台来推广。90 后美女小薇就通过各种平台的推广以及引流实现了月收入 15 万的梦想。那么，她具体是怎样操作的？

第一，微店的名字要简单易记，这样才能让用户记住你的微店。

第二，通过各种传播方式来推广你的微店。虽然刚开始你可以通过微信来推广，但久而久之，这种单一的引流方式会让你心生厌倦，而且也不利于销售收入的提高。小薇在微店经营初期也碰了壁，后来她逐渐认识到单靠一种传播方式并不能为自己的微店营销带来理想的流量，所以她开始研究如何才能让自己的客流量多起来。

商家可以通过邮件推广。由于 QQ 软件应用很广，越来越多的人使用 QQ 邮箱，商家可以通过群发邮件来吸引客户的注意力。例如，你可以一天推送

10万封限购秒杀邮件，以此来吸引潜在客户。不一定是纯发广告信息，毕竟是不认识的客户，如果只是纯发广告信息，作用肯定有限，但如果在邮件中加上一些温馨提示，效果会好很多。小薇在微店的经营中就运用了邮件推广的方法。当然，邮件推广犹如大海捞针，引流效果如何，谁也说不清楚。

第三，微信推广。虽说在微信上做推广很容易让商家陷入疲惫，但在短期内微信推广还是非常有效的。这种方式需要商家拥有庞大的朋友圈，并运用一些朋友圈推广的小技巧，每天定时定点更新信息，这样获得的关注也不会太少。

第四，公众号平台的推广。建微店需要商家有公众号，有了公众号就易于引流，而且微信订阅号平台的强大辐射力正日益显现，商家可以通过各种软植入和自定义菜单来获得客户流量，从而引流至微店，实现最终销售。

关于微信订阅号推广，有几点需要商家注意：首先，文章的标题必须吸引人，最好简洁、有噱头，这样才能吸引用户点击查看；其次，文章必须图文并茂，这样才能吸引用户继续翻看，不至于太无聊；最后，在营销初期，商家可以设置一些奖品来引流，有时候用户之所以关注你，是因为你经常办活动，让他们觉得这个订阅号非常活跃，久而久之，用户会觉得你的商品靠谱，从而主动了解你的微店，并在里面购买商品。

小薇正是抓住了这些引流机会，才使得自己的微店顺利经营起来。其他商家也可以学习她的做法，通过多种手段来推广自己的微店，从而获得良好的效果。

13.4 打造个人品牌很重要

营销里有一句话：卖产品不如卖自己。因此，情感营销和信任营销很重要。

你可以自己开一家小而精的微店，全都售卖自己的产品，也可以代理大品牌的商品。在微店里打造个人品牌需要精良的营销手段。撇开大企业的微店经营不说，我们重点来看看如何在微店里打造个人品牌。这需要结合商家在微信朋友圈的营销经验来介绍。

微店建立初期，推广任务很重。商家注册微店后，除了添加相关商品的信息外，更多的任务是引流。引流的手段有许多，如果你刚开始做微店，建议你在微博、微信朋友圈、QQ 空间上展示你的产品。该环节很重要，它能够引起老客户和潜在客户的关注，如果你的商品图片拍得好、商品描述精准，那么引流并不是什么难事。

微信营销初期，一定要在朋友圈积累一定的人气，这样才能站稳阵脚，毕竟做网络营销的人太多，别人不一定认准你这一家长期购物。所以，早期的人气积累十分重要。微信营销很多时候是个人品牌营销，微信上有个年仅 10 岁的小女孩桑妮就凭借自己独一无二的手艺在微信朋友圈广泛宣传自己的商品，最终在微店里做得风生水起。

桑妮的年龄和售卖的手工艺品本身就有很强的传奇色彩。一个年仅 10 岁的小孩做微店并不容易，但她却凭借精湛的手艺在微店开创了一番事业，这其中很大一部分原因在于她售卖的商品非常独特，容易吸引人，并在人们脑海中留下深刻的印象。

桑妮的微店主要售卖工艺品和画作，工艺品包括杯子、陶瓷等，画作则是自己亲手画的作品。该店开业 20 天就赚到了 1000 多元，这只是她的副业，而且这么小的年纪就能赚到这么多钱，着实让人刮目相看。

桑妮的每一件作品都独一无二，这符合时下私人定制的潮流，因而极大地吸引了消费者的注意力，再加上微信朋友圈的宣传，更是让桑妮的微店获得不错的收益。

由此可见，打造个人品牌在微店营销中的作用。个性越强烈，消费者越容易记住你，记住你的店铺。不过，需要提醒商家的是，你的微店名字一定要简单易记，否则即使你的个性再强烈，也很容易被消费者遗忘。这和微信昵称是一个道理。

13.5 通过内容发展粉丝

微信营销是一种全新的营销手段，与传统的营销平台不一样，它在买卖产品的同时还具有社交功能，换句话说，商家可以通过微信的社交功能，推送适当的内容来发展粉丝。

要做好微店推广，仅在微店里布局是不够的，多渠道引流才是正解。商家可以通过邮件推广、朋友圈推广，也可以通过绑定公众号平台来推广。其中，订阅号平台推广更能展现商家希望呈现的内容，因为订阅号平台图文并茂，商家可根据自己的意愿对页面进行排版，方便有效。此外，订阅号平台更有利于转发和传播，让潜在用户能够全面了解你的商品。

虽然商家可以在订阅号里推送优质内容来吸引粉丝，但也不能无休止地推送广告，否则容易引起用户反感，到头来得不偿失。

假如你销售的是时尚服装，可以将自己的订阅号定位为服饰搭配潮流杂志，每天定时推送时下流行的款式和服装搭配技巧。在文章的最后，还可以软植入微店的品牌，告诉粉丝这些服饰在哪里可以买到。优质的公众号内容能够吸引粉丝到微店购物。

这种方法任何商家都能做到，你不需要什么大号，也不需要几十万的粉丝来做支撑，只需要把文章的内容写好，在恰当的时机推送出去，假以时日便能收到很不错的效果。

微店的早期运营需要投入一定精力，而且要有自己的想法。其中，通过绑定订阅号来营运推广是再好不过的事情，粉丝在获得最新资讯的同时，也会随手点击文章最后附带的推广信息，以此来了解商家售卖的是什么东西。

当然，微信公众号的营运并不简单，它需要我们的精心维护，而且很难见到立竿见影的效果。但是，只要你有足够的耐心，维护一段时间后，粉丝就会不断增多。等你有了一定积累后，便可以向微店引流，最终实现内容→用户→关系→营销的前沿理论。

订阅号“经典绘本”的编辑就通过平台推广，再加上手机微店运营，最终实现了日入 3 万元的销售额。该订阅号每天推送的内容并非都是原创，但质量上乘，基本都是干货，而且与自己的订阅号平台定位相符合，因此能够长期吸引顾客的注意力。

微店营销总是一环扣一环，在对微店商品做好基本的设置后，如何推广引流便成为商家的重点任务。对此，商家不能局限于微店的经营范围内，而应该结合各种可行渠道来进行全面推广。其中，绑定订阅号、定期推送优质内容、提高店铺的曝光率都是比较可行且具有战略性的方法，非常值得商家学习和借鉴。

13.6 与商家合作，做自己擅长的事

最有效的营销推广手段是促销，以低廉的价格销售优质的产品，以此来提高用户的忠诚度，打造品牌的知名度。这种推广手段同样可以运用到微店经营

上。只要你有魄力，执行力强，没什么可以难倒你。

在微店里，除了可以举办各种促销活动，还可以通过与其他商家合作来推广你自己的微店。不要忘了，微店也是店铺，也是一个平台，与其他销售平台具有相同的性质，都可以在上面进行促销推广，只不过微店的历史短暂，在早期运营方面可能需要比其他平台投入更多的精力，但只要开头做好了，后面的销售便是水到渠成的事情。

在所有的促销手段中，最热门的恐怕要数团购。团购能够让消费者以最低的价格买到自己想要的东西，但微店大都属于自媒体类型，没有能力也没有足够的库存去做团购。在这种情况下，你可以利用自己的信任度、客流量等有利条件向某些大型商家提出合作。

合作方式有很多种，可以做大型商家的代理，替他们销售，从中提取佣金，也可以在你的微店里代销他们的商品并组织团购活动，从而聚集人气。

当然，在与商家合作前，你必须和用户建立好关系，让他们感受到你的魅力。如果你是销售图书的，那就要分析你的潜在客户是一群怎样的人？为什么会从你这里买书？是因为你的个人魅力还是你的书便宜，抑或是合作商家提供的促销符合他们的口味？

做好这些分析后，你才能利用好手头的资源，将产品完完全全展现在用户面前，让他们做好选择，而不会因为过于繁杂而影响他们的判断。

“经典绘本”的编辑便是在订阅号平台里和用户搞好关系后开始和商家合作的。在微店里销售商家提供的商品，一般都会做促销，例如搞赠书活动等，以此来增加客流量。有了客流量，就会有大批的用户关注你，关注者多了，自然会转化成最终的销量。

至于别的商家为什么赞助你，原因不外乎互惠互利。赞助商在帮你增加营业额的同时也为他们的品牌做了一次广告。所以，经营微店的商家只要想着这种互惠互利的事情，就能够和别的商家更好地开展合作，进而实现盈利。

【案例解析 38】

微店创业，十岁小孩也能成功

如果你在微店上搜索店名羊妹家 Art House 这个店名，你会搜出各种画作和手工制作的工艺品。看着这一幅幅画作和工艺品，你可能想不到它们出自一个 10 岁女孩之手！事实上，这个叫桑妮的女孩是一个五年级的小学生，也是羊妹家 Art House 店主。

桑妮开微店仅 20 多天，销售额便过千，这不仅因为她的作品惹人喜爱，更因为她采取的宣传手段有效，能让更多的人知道她的作品，然后产生兴趣，最后购买。

在微店营销中，除了最基本的注册、设置之外，接下来的商品展示、推广以及打造个人品牌，甚至和别的商家合作都是很重要的事情，需要按部就班地进行。等商品有了一定的曝光、交易量上去之后，商家的个人品牌也就算构建完成。

桑妮的微店基本上就是按照这种模式来发展的。建店初期，作为代理店长的桑妮妈妈便将女儿的作品放到朋友圈里宣传，从而让她的产品获得了足够的曝光率，也让更多的人知道微店的网址。客户如果感兴趣，可以点击微店的网址到微店付款购买。

商品展示的过程很重要，这是让顾客了解产品外观、特征的机会，所以要好好把握。在这个过程中，商家要考虑的问题不光是单纯找个平台去推广这么简单，而是要找一个知名度高、流量大的地方去宣传展示，这样才有效。在这方面，桑妮选择的是微信朋友圈，以她的年龄来讲，朋友圈无疑是最便捷也是最简单的展示平台，只要定时上传产品图片，再加上文字说明和微店地址链接便能吸引顾客到微店去购买。

桑妮微店里卖的大多是自己的画作和手工制作的工艺品，包括马克杯等。桑妮说她第一个卖出的商品便是一个马克杯，她的每一件作品都是独一无二的。这是一个宣传亮点，在这个追求个性化的时代，人们都喜欢独特的东西，桑妮的产品满足了他们的这一需求。

微店营销主要通过别的渠道引流以达到宣传效果，毕竟微店经营时间很短，想要让人们熟知，就必须进行宣传推广，而微信朋友圈是一个极佳的渠道，既不用宣传广告费，也不需手续费。对于桑妮这个年龄的孩子来讲，这或许是唯一的推广渠道。

当商品为众人熟知后，接下来的事情就简单多了，起码你不用费九牛二虎之力来让潜在客户了解你销售的是什么产品、你的微店在哪里、要怎样付款等，只要能让他们光顾你的微店，一切事情都可以迎刃而解。这是微店的最大优势，可以让客人自主选购，当遇到不清楚的问题时再咨询商家也不迟。

由此可见，微店营销并非想象中那么难，只要你把握好宣传渠道，再辅之以一定的品牌知名度，将客户引流至微店购物就是水到渠成的事。就连一个 10 岁的小女孩也能在闲暇之余开微店赚点小零花钱，你又何尝不可以呢？

【案例解析 39】

WIS 护肤品牌从微博到微店的营销

微店的出现吸引着大小电商的注意，不仅因为微信用户惊人，更因为开微店很方便而且免费，商家不用花费大量的资金购买流量。这一点比淘宝更有优势。然而，很多电商想把淘宝平台上的那一套复制到微店上，却发现没有任何效果，这又是为什么呢？

原因在于，微店没有类似淘宝那样的流量分配中心，换句话说，你在微店上做再多的广告和促销，别人都是看不到的。在这种情况下，商家需要结合各种渠道，主动出击，将流量引到自己的店铺里。这也是微店营销与淘宝营销的最大差异。所以，在微店上开了店铺的商家才会觉得巧妇难为无米之炊，不知道该从何下手。

遇到这样的问题，不妨借鉴一下微希护肤（WIS）的经验。WIS 是国内一个知名度很高的品牌，致力于解决年轻人的肌肤问题，为年轻人提供最佳的产品体验。

最初 WIS 是想通过淘宝营销来提高自己的销量和知名度，但效果一直欠佳。后来 WIS 开始运营微博账号，通过微博红人来带动 WIS 的品牌宣传，利用他们的知名度来让更多粉丝知道 WIS 这个品牌的故事以及主要产品的作用。

经过一段时间的运营，WIS 建立起自己的品牌，微博粉丝也逼近 300 万，这为后来的微店营销打下了良好的基础。

你可能会问，既然 WIS 的微博营销如此成功，为什么还要做微店？答案很简单，微信致力于构建一个“衣食住行玩”全方位的生态圈子，目前注册用户高达 6 亿人，有长远目光的商家早已看出微店在不久的将来会成为微信的主力，所以在微店发展之初，把握好先机非常重要。

WIS 正是看中这一点才会大力发展微店，毕竟微店有专门的支付渠道，粉丝看中一款商品后可立即在手机上付款，整个过程简单、方便，而且客户付完款后还能晒单，将自己买到的产品信息分享到朋友圈。这小小的分享行动给 WIS 带来的效益却是巨大的，一次分享便能为 WIS 的品牌贡献一份力量。

因为有微博 300 万粉丝的基础，WIS 可以轻松地让顾客直接到微店购买公司的产品。与此同时，他们还不遗余力地在微店举办各种活动，送出的奖品都是自家的产品，这又在一定程度上累积了粉丝，让他们记住自己的产品。

WIS 并非简单地开个微店接受订单便算完事，其微店后台的各种分工非常明确，这样当顾客遇到问题时便能第一时间给予回复，让顾客感觉到 WIS 对他们的重视。这也是一种购物体验，能够在无形中增加粉丝对 WIS 的好感，有利于自身品牌的传播。

WIS 尝试过各种营销渠道，最终还是将目光定格在微店上，这既是因为微店良好的发展前景，更是因为在微店上开店不仅成本低，而且还有利于构建和传播公司的品牌。WIS 有庞大的微博粉丝作为后援团，引流自然不在话下。许多小商家并不具备这样的条件，但也不要紧，只要掌握好微店营销的原理，在平台上积累人气，你也能获得 WIS 的微店宣传效果。

【案例解析 40】

海外全职妈妈从零做微店

全职妈妈是一个比较尴尬的职业，没有充裕的时间出外工作，只能待在家里看孩子。这种休闲的日子往往会令全职妈妈心生厌倦，希望利用闲暇时间找点活计做一做。这时，微店便成为她们不错的选择。

与淘宝相比，微店更易于上手和操作，淘宝的流量越来越贵，全职妈妈本来就没有固定收入，还要时刻为流量埋单，实在是说不过去。好在口袋通旗下注册微店不需要保证金，也不需要买直通车等淘宝服务来实现流量流入。而且微店能够在手机上操作，商家可以随时登录微店修改后台信息，避免了一整天守在电脑前的麻烦。

因此，微店是全职妈妈的不错选择，既能赚钱又能打发时间，何乐而不为呢？

问题是，大多数全职妈妈都是从零开始做微店，在这种情况下，要如何积累粉丝和做前期推广呢？此外，在选择代理品牌以及价格方面，又该如何衡量呢？这许多的问题都是全职妈妈做微店时急需解决的问题。

好在这些问题并不难解决。在代理之初，全职妈妈可以先把一部分产品放到微信朋友圈里展示，看看有多少人对你的产品感兴趣，如果朋友圈里的朋友年龄大多是 20 ~ 30 岁，那最好代理一些适合年轻人、价格适中的商品，既可以代购国外的著名品牌，也可以代购一些小众却好用的牌子，同样受欢迎。但是需要注意，代购的商品不能过多，否则会让顾客眼花缭乱不知道你主要售卖什么。因此，经过一段时间，当你大致能统计出你的顾客更倾向于购买哪一类商品时，你便能酌情筛选自己要代理的产品品牌，从而给用户更精准的选择。

这是微店经营前期的经验之谈，毕竟在微店上只能上传 40 种商品，没必要把自己弄得很狼狈，全职妈妈虽然时间自由，可一天下来打理微店的时间还是有限的，所以商品不宜过多、过杂，最好有一款主打商品，这样才不会累到自己，也不会让顾客太难选择。

做完这些前期准备工作后，全职妈妈会发现在微店里引流并不成问题，因为她们已经在朋友圈展示过自己代理的产品，如果顾客对这些产品感兴趣，他们会主动寻找店铺地址。所以，全职妈妈只需要专心做好顾客的答疑解惑工作，为他们提供最佳的选择便可。

微店运营说难不难，说简单也不简单，一切要根据具体的情况而定。有些人通过订阅号推送内容来积累粉丝，并将这些粉丝引至微店买他们的商品，也有些人像全职妈妈这样先在朋友圈积累一定的粉丝，然后再开自己的微店，也有些人直接以微博上数百万粉丝作为支援团，将他们引流到微店。总之，引流手段各式各样，商家只需要找到属于自己的风格便能在微店营销上游刃有余，走出另一条营销大道。

第14章

微官网：开发平台模式营销，塑造微信官方网站

如果说公众号是打造企业和个人品牌利器的话，那么建立微官网则是商家未雨绸缪的表现。尽管微官网看上去不温不火，但它注定是未来微信营销的一个主阵地，现在抢占先机对商家来说是一件有利可图的事情。

14.1 端口开发，三步记牢

微营销覆盖范围之广，已不仅仅是单纯的朋友圈营销、摇一摇推广、红包糖豆攻势等宣传手段，如果商家在微信上布线深的话，必定会留意到微官网这种更深入的营销手段。

说起微官网，大家可能比较陌生，毕竟设计自己的微官网还是有一定的技术含量。微信是自媒体的天下，虽然不乏大型企业在里面扎土生根，可更多时候是自媒体在其中占据主导作用。自媒体依靠公众号平台和微店的营销便能创造一定的收益，所以他们并不需要过多地考虑微官网的事情。但是，大型企业却不能随便放弃微官网这个有力的营销武器。如果可能的话，应该以最快的速度进行微官网的开发、维护等工作，以掌握微营销的先机。

微官网的端口开发其实并不难，只要你手头有一部手机，手机上有一个有关第三方微信代运营的注册号码便可以轻松建立属于自己的微官网。简单来说，建立微官网需要借助第三方微信代运营平台的功能来实现，而这些平台包括乐享微信、一豆子、微小信、微信人生等。在这里，我们以微信人生为例子，建立一个属于你自己的微官网。

第一步　在建立微官网之前，你需要注册一个“微信人生”（http：//www.weixinrs.com/）的账号，点击网页右上方的【注册】按钮，填写相应的信息即可获取账号。

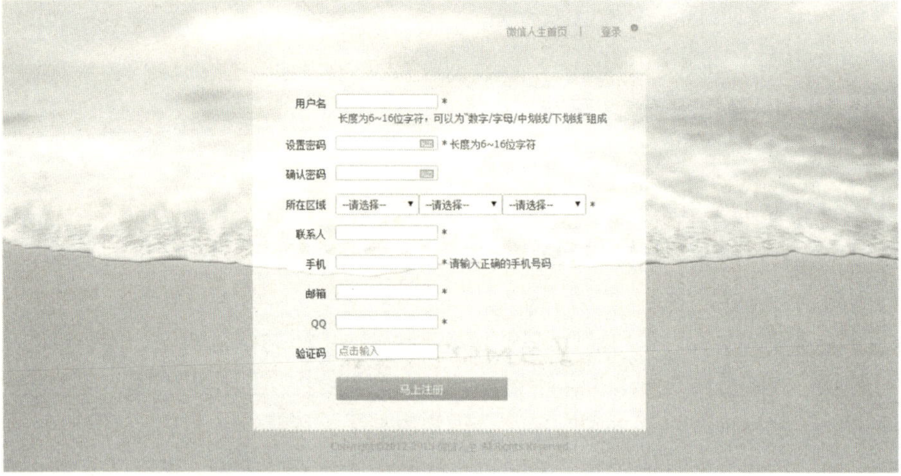

第二步　进入“微信人生”的注册页面后，点击【添加公众号】，获取“微信人生”为你提供的URL接口和token代码。复制URL接口和token码，并点击下面的【微信公众平台】登录链接。

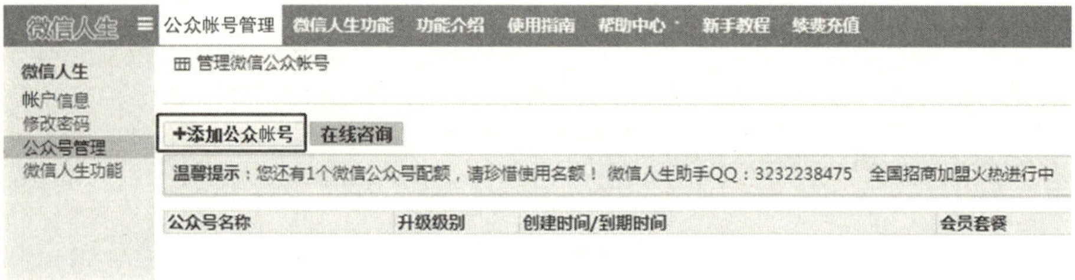

第三步　登录【微信公众平台】，点击工具栏最下方的【开发者中心】按钮，勾选右侧页面的【我同意《微信公众平台开发者服务协议》】按钮，成为开发者。进入新页面后，点击【修改配置】，将之前复制的URL和token粘贴到相应的方框中，再点击【提交】。进入新页面后，点击【启用】按钮，对服务器配置进行启用。至此，微官网服务器申请完毕。

接下来，要进行微官网的相应设置。此时，仍需借助“微信人生”的功能，对新申请的微官网进行美化、排版等。

第一步　在“微信人生”左侧的工具栏里找到【微官网】应用，点击第一个按钮【模板预览】，会看到右侧页面有众多模板可供选择。此时，不要急于对微官网进行设置，先浏览一下模板页面，对微官网有个大概的认识。

第二步　按照微官网的工具栏顺序，点击第二个按钮【关键字设置】，按

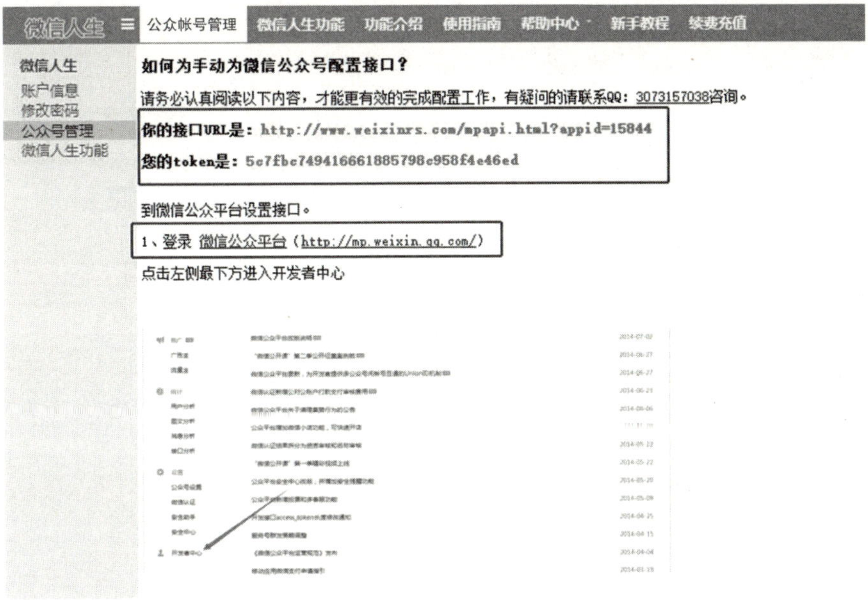
微信人生
公众帐号管理
微信人生功能
功能介绍
使用指南
帮助中心
新手教程
续费充值
微信人生
账户信息
修改密码
公众号管理
微信人生功能
如何为手动为微信公众号配置接口？
请务必认真阅读以下内容，才能更有效的完成配置工作，有疑问的请联系QQ：3073157038咨询。
你的接口URL是：http://www.weixinrs.com/mpapi.html?appid=15844
您的token是：5c7fbc749416661885798c958f4e46ed
到微信公众平台设置接口。
1、登录 微信公众平台（http://mp.weixin.qq.com/）
点击左侧最下方进入开发者中心

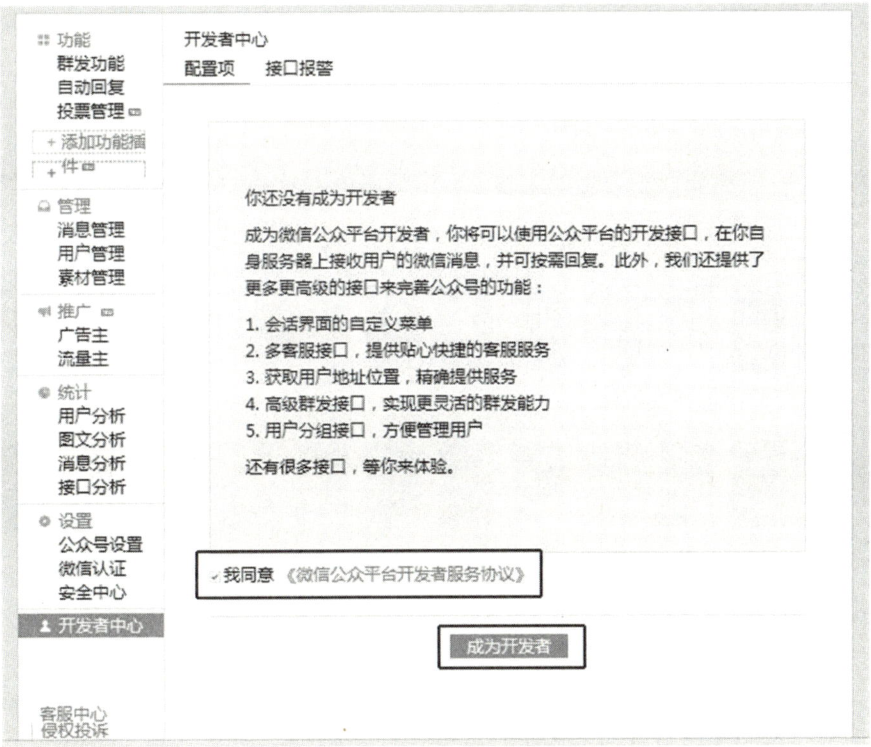
功能
群发功能
自动回复
投票管理
+ 添加功能插件
管理
消息管理
用户管理
素材管理
推广
广告主
流量主
统计
用户分析
图文分析
消息分析
接口分析
设置
公众号设置
微信认证
安全中心
开发者中心
客服中心
侵权投诉
开发者中心
配置项
接口报警
你还没有成为开发者
成为微信公众平台开发者，你将可以使用公众平台的开发接口，在你自身服务器上接收用户的微信消息，并可按需回复。此外，我们还提供了更多更高级的接口来完善公众号的功能：
1. 会话界面的自定义菜单
2. 多客服接口，提供贴心快捷的客服服务
3. 获取用户地址位置，精确提供服务
4. 高级群发接口，实现更灵活的群发能力
5. 用户分组接口，方便管理用户
还有很多接口，等你来体验。
我同意《微信公众平台开发者服务协议》
成为开发者

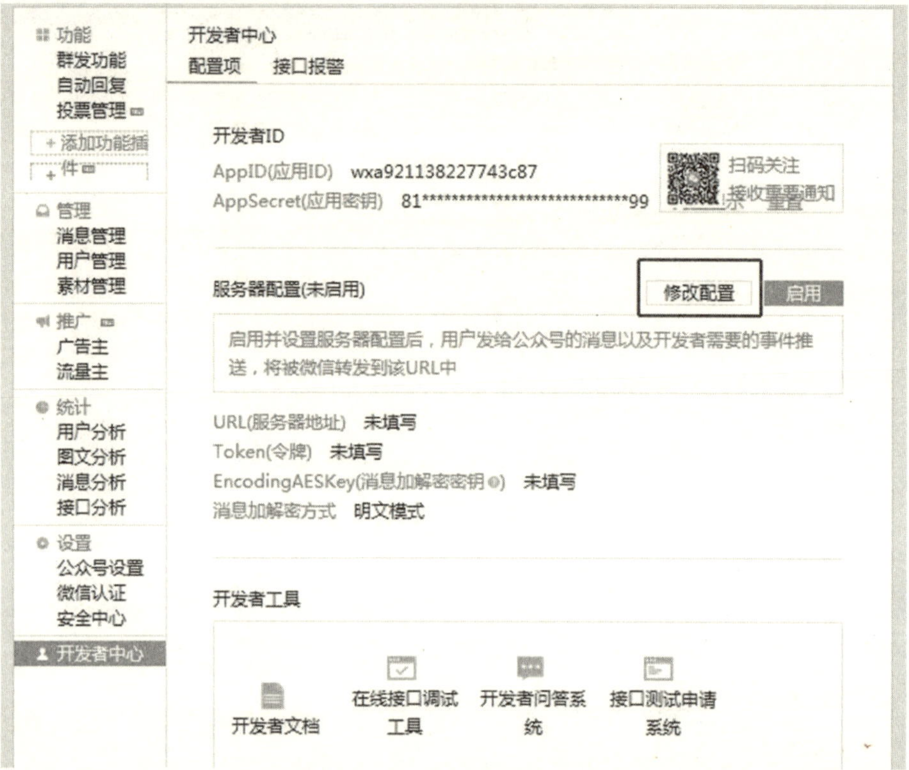

照提示将右侧页面的【触发关键词】、【标题】、【图文消息封面】等信息填好，再点击【保存】。

第三步　微官网设置，这是整个微官网制作过程中最关键的一环。根据提示，在右侧页面点击“页面列表”的【+】，便能增添新的页面。按照自己的需要将页面添加好，将其连接在一起便可。【样式编辑】也要设置，只需要根

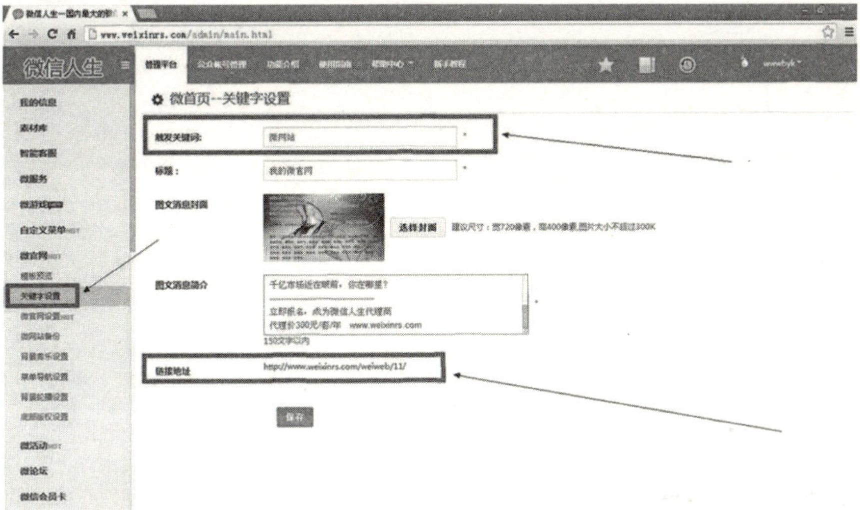

据个人喜好设置便可。

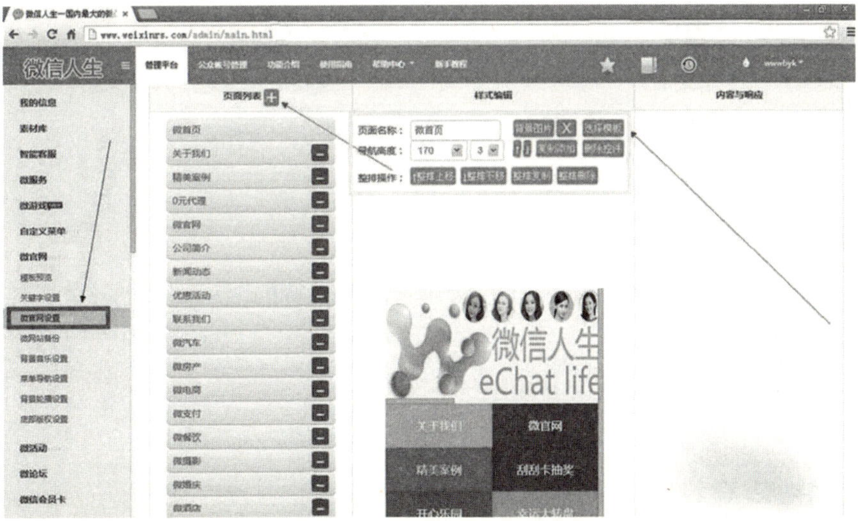

第四步　做好微官网首页后，点击【页面列表】中的其中一个子目录，就会在右侧的【样式编辑】下方看到这个子目录所设置的相应内容、标题、链接等，商家可逐一设置。全部信息设置完后，点击下方的【保存】按钮即可。

至此，微官网全部设置完成。商家如果需要在微官网里添加音乐，可继续根据“微信人生”的工具栏选项逐一进行调整。

由于有第三方平台的支持，建立微官网其实很简单，只要你拥有一个公众

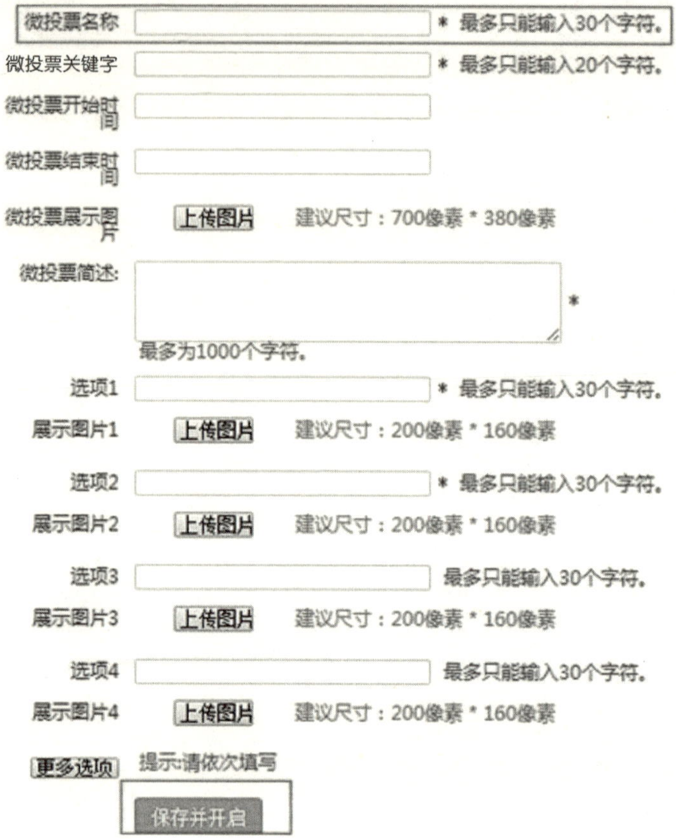

号，再获取相应的信息，就能够轻松建立自己独特的微官网，把握住微信的商机。

14.2 寻找第三方平台：微盟

随着微官网的兴起，越来越多的商家开始关注它。在移动互联网时代，谁掌握了手机网站，谁就掌握了微信营销的商机。作为商家，必须明白微官网不只是一个网站那么简单，它结合手机客户端的技术和企业信息化建设，为顾客提供了一个全方位的商业服务平台，对企业的长远发展具有深远的战略意义。

微官网虽然只需三步便能建立起来，而且其默认的网页模板也非常多样化，但想要真正做出有特色的微官网，企业恐怕还要到别的平台里寻求帮助。

微盟便是这样一个专门为企业定制微官网的第三方网络平台，这家科技公司专门为企业提供基于微信公众号的营销方案，解决企业在微信营销中遇到的问题。微盟上线的时间虽然很短，但服务范围十分广泛，包括微盟旺铺、微房产、微汽车、微电商、微餐饮、微医疗等，凡是微信涉及的领域，微盟都能够提供具体方案，为企业解决棘手的难题。

商家如果想建立一个有特色的微官网，同时又不想投入大量资金的话，微盟倒是一个不错的选择。在这里，微盟的角色相当于一个"卖水人"，他们为企业提供服务，然后收取佣金。北京大成律师事务所是微盟的第一个大客户，对方要求微盟提供一对一的定制服务，定制费用为 10 万元。但是，对于许多想做微信营销的小型企业来说，这费用实在是太贵，所以微盟果断放弃这种高级定制，转而薄利多销，积累更多的客户。这样的选择更加坚定了许多中小企业甚至是自媒体来找微盟服务的决心，其中包括各行各业的用户，例如婚纱摄影业、装饰城等数不胜数。微盟抓住微信发展的时机，找准市场定位，一击即中。

目前，在微信上还有许多微盟的身影，不光是微盟出品的，还有微盟招聘的，微盟需要大量人才加入才能继续发展下去，这是一家处于扩张期的公司，企业可以放心地将微官网的设计和管理交给微盟，自己则可以省下精力来进行微官网的营运。

微盟可以按照企业的要求为企业选定合适的模板，例如元和装饰的微官网便是找微盟做的，其首页设计简约、大方，消费者一眼便能知道元和装饰是做什么的。在这个主页里，既有企业的简介，也有企业的经典案例、近期活动、设计团队等，只要消费者有需要，随时可以点击进去查看，寻找适合自己的服务。

可以说，第三方服务平台的出现为企业的发展提供了便利，使得它们不必再使用千篇一律的微官网模板，转而寻求微盟的帮助，为自己搭建一个更专业的微官网。

14.3 根据营销特性选择付费模式

随着微信营销的深入，许多提供深度服务的公司应运而生，这些公司有自己专业的团队和独一无二的素材资源，可以为各大微商提供更加优质、更加个性化的服务和管理。

微信生意宝和微盟便是其中的佼佼者。微信生意宝和微盟均是 2014 年六七月上线的第三方平台，时间虽然不长，却获得众多商家的热烈追捧，开拓了微信付费服务的新局面。

微信生意宝是一家网络信息服务公司旗下专门为微信营销提供服务的品牌，是国内起步最早、规模最大的第三方应用开发商之一，拥有自己的计算机技术开发能力，实力雄厚。微盟的规模虽然没有微信生意宝那么大，但服务种类齐全，商家想要在微信上发展的业务几乎都能在微盟上找到，其实力不容小觑。

商家如果想做大做强，选择付费模式很有必要。毕竟微官网也是一个服务式平台，可以为企业提供各种业务，例如向顾客展示企业的发展历程，让感兴趣的顾客联系企业等。

SM 百货重庆店的微官网便是微信生意宝帮助打造的。由于 SM 百货的宗旨是将流行风尚和品质生活完美结合，为了诠释这一点，微信生意宝将其微官网打造成一个简约又时尚的风格，令众多消费者眼前一亮。

如果商家自行开发，很难做到微信生意宝那么专业，毕竟微信生意宝专职研究微信的各种功能，其提供的服务肯定是优质的，企业与其花很多时间和费用自己搭建，倒不如用现成的素材，把省下来的时间拿去做更有意义的事情。

不仅是 SM 百货这样的大型企业寻求第三方付费平台的帮助，就连媒体型企业也寻找第三方服务平台来帮自己构建微官网，广东电视台新闻广播便是微信生意宝的客户之一，可见微信第三方服务平台之火热，已经超出人们的预期。

14.4 免费板块巧妙搭配，也可打造免费微官网

在企业选择付费服务打造属于自己的微官网的同时，不少企业还是想省下一部分资金通过寻找各大付费服务平台提供的免费模板来设计自己的微官网。这样做无可厚非，甚至可以说是精打细算。那么，商家到哪里去寻找这样的免费模板来打造自己的微官网呢?

微小信里就有免费模板，虽然是通用模板，可能在你选择好合适的模板后，下次登录别人的微官网时却发现他们也在用同样的模板，但这不要紧，商家可以根据自己的业务特色来自由组合微小信里提供的各种模板，将这些模板巧妙地结合在一起，同样能够设计出一个外观出众的微官网。

微官网之所以吸引商家，原因在于它能够直白地告诉顾客这家企业提供什么服务或者商品。同样的，商家可以根据微官网的特色，再根据顾客的需求为他们打造一个简单、便捷的平台，让顾客一目了然，而不是漫无目的地四处寻找。

当然，有商家会觉得微小信里的模板用的人太多，即使通过自由组合将各种板块应用到位，还是觉得自己的微官网不够出彩。如果是这样，他们也可以选择其他平台来打造自己的微官网，因为这些平台也有许多免费的模板，例如微精灵、微信管家等。

其中，微信管家的更新最频繁，2014 年微信管家的更新超过 8 次，每次都会给用户带来功能的改进，而且模块应用之多，令人咂舌。据不完全统计，微信管家目前有 40 个板块的功能应用，这些板块几乎囊括各行各业，包括智能客服、微服务、自定义菜单、微信会员卡、微信墙、微官网、微活动、微相册、360 全景图、微留言、微房产等。这些板块在微信管家中都提供了免费的模板应用。仅 2014 年 4 月的一次更新便提供了 91 套免费模板，而且还在陆续新增中。这为商家带来极大的便利，使得他们不再担心找不到适合自己的模板。

除了微信管家，微精灵提供的微官网服务也非常直观、全面。在微精灵里，商家只需几步便能搭建起自己的微官网。微精灵认为打造微官网意味着全面开启互联网营销微战略，是将企业的各种信息、服务以及活动通过微网页的形式展现给顾客，而商家只需要在微精灵提供的模块里进行简单的设置，便能立即生成属于自己的微网站。这还不是最吸引人的，除了提供各种精美的模板供商家选择，微精灵还有很多自定义模板供商家自行设计。这种服务功能极大地丰富了各大商家的微官网，进而为顾客提供了完美的视觉体验。

14.5 图片选择定位契合，视觉创意赢关注

商家在设计微官网自由模块时，所选的图片与其业务越契合越能吸引人，并带给用户良好的视觉体验，这是商家设计微官网时应该注意的原则。

其实，这也是从设计的角度告诉商家，所选的图片与产品特色相符合，才能在视觉上给用户美的享受，让他们感到舒适愉悦的同时不会觉得突兀，这样自然能赢取用户的关注。

类似的例子随处可见，马路两旁的巨幅广告就利用了这个原理。要让一个服装品牌的巨幅广告看上去简约素净，商家可能只会安排一个明星穿着新品站在海报中央，背景或许是留白，或许是有些许花纹的点缀，但归根结底整个设计是简洁的。这样路过这个广告牌的人才会被广告的力量所冲击，驻足观看该广告说的是什么内容。

同样的，微官网的设计要能带给顾客视觉上的享受。不仅如此，微官网在设计时还涉及一个排版问题，大多数时候商家都不能按照自己的意愿随便将图片放在页面上，起码要懂得一些排版的原理，比如页面留白、图片间隔、文字段落结构等。只有这些元素搭配和谐，才能搭建起一个令人赞叹的微官网，让用户在浏览页面时一眼就知道商家想展示什么。

微官网其实是一个小而精美的网站，商家必须知道怎样在有限的篇幅和版面上做文章，你可以像巨幅广告那样大量留白，也可以用绚丽的页面来向用户展示你的活力。总之，只要在图文排版上让用户感受到强烈的视觉冲击，你便成功了。

如果有专门的设计团队，一切都好办，如果只是小微企业，请不起设计团队，那就只能多参考其他企业的微官网，吸取他们的经验，并结合自身的特点来打造微官网。

实在不想把时间浪费在图片和页面上，还可以购买第三方提供的收费模板，这些模板种类繁多，图文摆放很有讲究，商家只要熟悉排版，便可以将图片和文字完美搭配在一起，让用户浏览时耳目一新，通过图片来看商家的文字解说，这样更有助于用户了解商家的意图。如果他们觉得产品好，不用商家说明，就会主动将商品放进购物车。

这就是图片与页面排版相结合的力量，有时候视觉上的享受也很重要。

14.6 素材库充实五步骤，触发设置更全面

和网站设计一样，商家想要设计出一个内容丰富、图文并茂的微官网，就必须不断地充实素材库。很多商家都在为匮乏的企业素材库感到发愁，但其实网上资源很多，商家每天也会产生相关的媒体信息，将这些资讯综合起来，素材库就会逐渐充实起来。

充实素材库有五个步骤，这五个步骤告诉商家平时应该收集什么信息，让

他们在触发设置时更加全面。

步骤一　及时上传收集到的资料。即使没有网络，收集素材也很简单，原创内容就来自大脑和双手。只要有想法，就能用笔记下来，及时上传到电脑，放到素材库里。

步骤二　整合原创素材，写成有价值的文章。收集原创内容主要靠平时多动脑、多联系、多看书。只有不落俗套的原创内容才能让素材库更加充实。简而言之，锻炼文笔是做好原创内容的关键，只要有原创性的内容，商家做网络平台运营时就能做到得心应手。

步骤三　将资料整理至 excel 表格中。在收集素材时，可以重点关注业内专家，将他们的博客、微博、个人网站等有用资料整理到一张 excel 表里，并做一些简单标注，以便随时查阅，从中获取灵感。商家也可以通过这些专家的观点来了解行业动态，并及时将之发布给用户，让他们了解。

订阅号 36 氪就每天更新行业的最新资讯，它也有自己的微官网，而且简洁素净，导航功能强大。在这里，你可以看到每天的行业动态，了解哪些公司获得了投资，哪些项目已经被人收购。因为能够及时获得有价值的信息，很多人每天都会浏览 36 氪的微官网。商家可以效仿这些优秀网站来收集整合自己的素材，打造有自己特色的微官网。

步骤四　收集素材图片。收集相关的图片也很重要。一个微官网要想吸引人，图文并茂必不可少。只有文字没有图片的网站是单调的，只有图片没有文字的网站又是苍白的，所以商家要到相关的图片素材网站去寻找适合自己的素材，思缘设计、昵图网、点点网等网站都提供这样的资源。

步骤五　关注搜索引擎的最新信息也很有必要。搜索引擎提供的热搜词通常都是一定时期内行业最火的词，商家可以根据这些词顺藤摸瓜找到别的网站不知道的文章或者信息，只要将这些鲜为人知的资源收集起来，到时候做微官网就能做到有话可说，有观点可表述。

14.7 音乐动画巧搭配，提升微官网魅力系数

不知商家们有没有发现，微官网在刚开始设置时有一个音乐设置选项，如果商家能够巧妙运用它，就可以让用户浏览时沉浸在商家构建的微官网氛围中，从而提升微官网的魅力。

当然，这只是微官网的功能之一。目前来说，微官网还只能插入音乐。商家如果想把微官网做得更酷，可以借助某些软件将音乐和动画搭配在一起。

“易企秀”就是这样一款软件，谐音“一起秀”，鼓励商家将场景应用融合到微官网中，给用户带来与众不同的体验。从视觉上看，动画比图片更有冲击力，也更具吸引力，再配上音乐，整个页面会变得生动有趣，很容易打动人。值得一提的是，“易企秀”非常智能，你只需要提供少量的素材和文字，就能做出一个类似于电子杂志的页面来，而且这本电子杂志还能手动翻页，用户只要用手指轻微往上一滑便能翻到下一页，非常方便。

易企秀的功能并不复杂，商家只要搜索“易企秀”便能在网上找到其官网，也可以在手机上下载“易企秀”应用，功能完全相同。下面重点介绍电脑版的用法。

首先，商家要进行简单的注册，注册成功后会弹出一个【创建场景】的大图标，这是易企秀在提示商家点击这个图标来创建场景。

点击【创建场景】后会进到编辑页面，该页面为商家提供了各种模板，这些模板都是封面页，商家可以根据自己的宣传需要来选取其中的一个。如果都不满意，也可自行设计，设计的步骤也不难，只要按照易企秀提供的尺寸便能将封面图做出来。

选择好封面页后会进入到下一个页面，该页面提供一些静态和动态的模板供商家选择，商家也可以通过【增加下一页】来逐步编辑这本电子杂志。当

然，能够做出动态的页面是最好的，这样配上音乐会非常完美，也更夺人眼球。

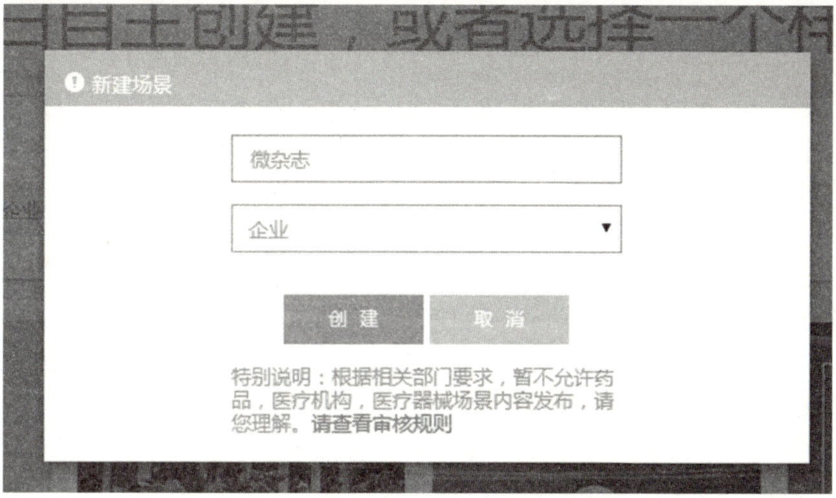

这样一步步设置，最后会自动生成一个观看链接及其相关的二维码，有助于商家宣传。

音乐配动画的模式会让用户的视觉体验更好，商家不妨试一试这个应用。

【案例解析 41】

上海张军昆曲艺术中心：微信售票，半月牡丹亭增加 60%

上海张军昆曲艺术中心是国内首个以演员名义命名的民营职业昆剧院团，致力于打造沪上高端戏剧产品，以弥补上海文化大都市高端文化消费产品的市场空缺。

为了扩大自身的影响力，该艺术中心申请并验证了自己的订阅号。关注该订阅号，点击其一级菜单里的【资讯】关键词，便能看到二级菜单里有微官网选项。进入微官网页面后，你会看见一个极具文艺气息的页面，该页面虽然很淡雅，但给人眼前一亮的感觉，这主要源于色彩、文字和图片的巧妙搭配。张军昆曲的微官网首页分为两部分，上部分是图片，有两页，会自动转换；下部分是静态图，是张军昆曲微官网的各个功能模块，为用户提供各种渠道以便他们了解张军昆曲的发展进程、日常活动等。

随便点开其中一个模块，比如【牡丹亭】，你便能了解到最新的演出情况，包括演出的介绍、购票方法、观看地址、演出后观众有何评价，等等。

由于《牡丹亭》的主演是张军，所以张军还提供了自己的私人微信号，让用户进一步了解他平时的生活、他在《牡丹亭》里的点滴，从而加深和观众的互动交流。

张军昆曲的微官网里还有昆曲的介绍，观众只需打开微官网首页的【动态】模块，便能看到【关于昆曲】这个模块，里面有大量昆曲的介绍。张军觉得中国的每个剧种都是一朵花的化身，如果说京剧如绚丽绽放的牡丹，那么昆曲便是优雅的兰花，怒而不放，元末便诞生的昆曲十分低调。

以上只是昆曲的简介之一，在这个模块里还有更详细的简介。不要小看这些动态简介对观众的影响力，观众对这些模块越熟悉，说明他们对昆曲越感兴趣，那么成为商家潜在客户的可能性便越大。

通过微信售票，张军昆曲的《牡丹亭》仅仅半个月时间销量就暴增 60%，这在很大程度上要归功于刚上线的微官网。

订阅号虽然内容丰富，但并没有微官网的订票功能。张军昆曲只要在订阅号里给出微官网的售票链接，便能将订阅号里的客户引流到微官网上购票，这种做法不仅让用户知道商家的微官网，而且大大简化了观众获取信息的步骤，在引流的同时使商家的销量增加。张军昆曲是一个很好的例子，商家可以根据自己的宗旨来设计微官网，让用户有亲切感，这样销售量自然会随着增加。

【案例解析 42】

小蚂蚁团购：上线一个月，订单增加 1000 +

“团购”一词想必大家都很熟悉，只要在浏览器里输入“团购”一词便能搜到各种各样的团购网站。团购因其低廉的价格赢得众多消费者的青睐，从 2010 年诞生以来发展迅猛。

小蚂蚁团购是一个专门销售蔬果、零食、礼品的销售平台，用户只要在微信上关注小蚂蚁团购的订阅号便能进入小蚂蚁团购的订阅号页面。小蚂蚁团购已经通过验证，只要点开【蚂蚁购物】便能看到蚂蚁购物中的各种食品。这是蚂蚁购物对外销售的一个平台，上面摆满了琳琅满目的零食和特产，每种零食都有一个独立的模块，用户只要点击进去，就能看到各种商品的价格、销售情况，非常方便他们下单。

小蚂蚁团购上线以来，订单成倍地增加。团购本来就火爆，再加上小蚂蚁团购的大力宣传，结合时下流行的微信营销，销售量更是蹭蹭地往上涨。

与淘宝相比，微信营销更容易上路，也更容易获得业绩。这是由微信产品的属性决定的，微信有各种功能的销售渠道，商家可以选择在朋友圈销售、微信订阅号推广，也可以通过二维码来销售推广。具体选择哪一个功能来销售，要视企业自身的产品和服务来决定，企业并非只能用一个功能来销售，也可以将几个功能组合在一起来宣传推广。

微官网是微信开发出来的另一个宣传平台，而市场上还诞生了大量像微盟这样的第三方付费服务平台，从而极大地推动了微官网的发展，商家只要把握住第一波浪潮，便能抓住微官网的发展机遇，毕竟现在微官网在微信应用里还不算火爆，商家可以趁它还没有真正火起来之前把握先机，利用微官网赚取第一桶金。

第15章

微系列：微邀请、微投票等微活动，微营销百花齐放

微信里有一些小应用很容易被人忽视，例如微邀请、微投票、微活动等。然而，这些小应用往往能制造大轰动。商家应该了解并掌握这些小应用，通过它们来给自己的微信营销造势。

15.1 如何制作微邀请函

过去，我们经常写纸质邀请函，即便今天互联网技术如此发达，依然有不少人写纸质邀请函或者利用邮件来发送邀请函。暂且不论这些传统方式多么落伍跟不上潮流，单是制造纸质邀请函就得浪费很多纸张，既不环保还增加成本。邀请函通常都是大批量印制的，先设计好一个模板交给印刷厂，然后大量印制。这不仅效率低下，而且鲜有回应者。因此，在今天这个移动互联网时代，通过纸质或邮箱来发送邀请函已经显得不合时宜，商家要想跟上潮流，就必须知道怎样利用微信的第三方服务平台来制作邀请函。

利用微信的第三方服务平台可以制作各种邀请函、微画册、微投票等，功能强大，能够满足商家大部分的需求。这其中，制作微邀请函是商家在微信营销中的必修课。

微邀请是网上一个专门提供邀请函制作服务的第三方平台，只要在网上搜索“微邀请”三个字便能找到这个网站。打开首页可看到网站上的一些服务功能，例如会议活动一站式解决方案，包括会议邀约、现场微信签到、现场提问互动、微信抽奖、微信投票等。此外，微邀请还提供婚礼活动策划方案，吸引有需要的用户到后台中去设置应用。

进入后台后，你会看到很多有特色的模板，这些模板有动态的也有静态的，有免费的也有付费的。一般来说，第三方服务平台上的模板都是一半付费一半免费供用户试用，微邀请也不例外，大部分动态页面都需要付费，便宜的不超过 50 元，贵的则要 1500 元左右。具体要看商家制作邀请函的用途。

有了这样的平台，商家就不用像无头苍蝇一样四处寻找制作邀请函的渠道。只要进入微邀请后台，根据页面提示来制作属于自己的邀请函就可以了。商家如果想为一场线下聚会制作一张邀请函，可点击后台页面中的【聚会】一词，此时你会看到几个精美的模板，有付费的也有免费的，商家可根据需要自行选择。选好模板后，接下来点击模板下面的【试用】二字进行模板设置，主要填写活动的主题、时间、地点、邀请函的文字等。全部设置完后，检查有没有错漏，之后点击【保存】便会自动生成一个二维码链接，商家可以用手机扫一扫来预览邀请函的效果，如果觉得效果不好，可返回继续修改，直到满意为止。这样商家便能将生成的邀请函发送给微信好友，告知他们活动的时间、内容、形式等事项。要注意的是，邀请函最好制作成图文并茂的形式，这样更容易打动用户，让他们接受这种软推广。

15.2 如何通过邀请函来植入营销

商家通过微邀请这类收费平台来设计自己的邀请函，不可能只是让客户、粉丝知道他们近期有这项活动，更大的目的是吸引客户，尽可能让客户来参加自己组织的线下活动。让O2O营销闭合起来，这才是商家的最终目的。

所以，商家必须用心制作一份邀请函，可能不需要太夺人眼球，但必须把邀请函里的具体事项补充完整，比如何时举行、在哪里举行、活动的主题是什么、有什么人参与等，这些基本信息都必须填上去，否则根本吸引不到客户来参加。

这是制作邀请函的基本要求，但是这样一张简单的邀请函并不能满足商家的要求，起码要在邀请函里植入一些软推广信息，这样才能收回一些制作邀请函的模板费用。

那么，怎样通过邀请函来植入营销呢？这是商家比较困惑的地方，其实只要掌握好一些技巧，植入软广告并不难。

事实上，微邀请的软植入便是企业品牌植入，换句话说，当商家将制作好的邀请函发送出去的那一瞬间，就已经将自己的品牌传播出去了。可能你的品牌之前并不为人所知，但通过举办这次活动，发出微邀请，让潜在客户都看见你的邀请函，即使他们最后没来参加你的活动，但起码你的品牌在他们心中留下了印象。

品牌营销必须包含以下两点：第一，让用户知道你的商业背景，即向用户简单介绍企业的发展历史；第二，项目的背景，即商家举办此次活动的目的是什么、参与者能得到什么，让参与者得到实质利益，才能让他们时刻关注你的策划进程，否则一切都是纸上谈兵。

童年的品牌回忆便是一个很好的品牌营销例子。童年的回忆对于成年人来说有很强的吸引力，许多商家都意识到年轻人的生意是很有潜力的，这个群体的父母都非常注重孩子的体验，这便是一个品牌推广的突破口，商家可加以有效利用。

软植入的意义在于，让用户在潜移默化中接受商家的广告，并且尽情投入到商家设置的广告中。在微邀请里植入营销不外乎插入商家对活动的文字描述，如果商家提供奖品，肯定是自家的产品最好，这样能让用户记住你。

此外，商家在邀请函里植入 logo 也是一种品牌营销方式。人们对于简单图案的记忆能力比文字更有效，商家可在邀请函中适当插入自己的品牌 logo，让用户初步认识自己。另外也可以植入产品的相关图片，让用户初步了解举办方准备的奖品，用以吸引用户。

微邀请的营销并不需要刻意去做什么，只要把邀请函的基本项目填好就是一种微营销。

15.3 如何设置微投票

新版本的微信增加了很多订阅号后台功能，设置微投票是其中比较实用的一个功能，商家可以利用这个简单的功能来策划一项活动，并且分享到朋友圈里让众人选择，这进一步增强了商家对举办活动的可控性。

微投票有两种形式：一种是直接在微信订阅号后台进行设置，这种微投票会显示在文章的页面里，并不会独立存在。另一种是利用第三方服务平台来设置投票选项，需要用到微信订阅号后台的开发者中心。具体选择哪一种，就要看商家是用微投票来做什么用途了。

首先来看第一种形式。这种形式设置非常简单，只要登录后台后点击编辑文章内容，便会看到编辑工具栏里有【投票】功能，点击图标，就可以进入

投票设置页面，填写相关投票选项。【投票主题】是必填项，字数限定在15字以内。投票类型也可以选择，商家可根据自己的投票主题来设定是单选还是多选。此外，就是投票的选项设置，最多可以增加6个选择项。投票设置完成后，便可以点击【确定】保存。

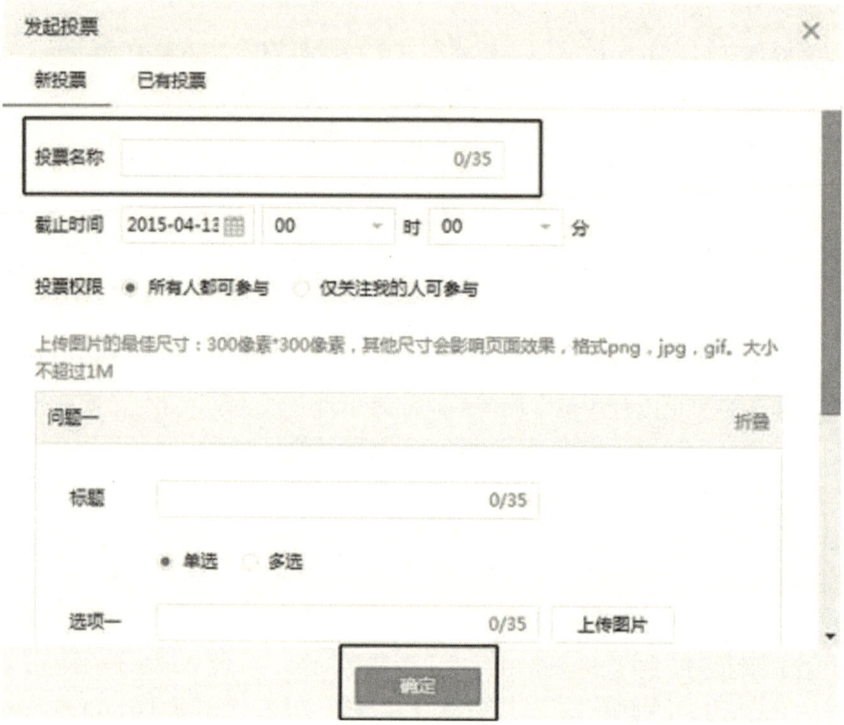

操作步骤很简单，商家设置完这些选项后便可以将投票设置放在文章页面的最后面，以便用户阅读完文章后顺手点击几下，来完成商家的投票。

除了微信自带的投票设置功能，第三方应用“微信人生”也能够为商家提供专业的投票设置功能。首先登录微信订阅号后台，点击页面左边工具栏的【开发者中心】，进入相关页面后会弹出一个窗口。此时，有两个地方需要我们填写，一个是URL，一个是token。你一定会好奇这两个地方怎么填写，先不要着急，打开微信人生的网页，从那里获取URL和token代码。先点击进入“微信人生”的页面，注册一个免费账号，在主页左边的工具栏找到【微信人生功能】，点击这个功能便能生成URL和token代码，复制这两个代码并将它们粘贴到刚才打开的页面即可。最后，返回“微信人生”的页面，点击左边工具栏上的【投票功能】，设置投票的主题和选项设置，设置完后直接点击【保存】便可以。

至此，你便可以在微信公众号里进行回复，简单方便，很容易上手。

需要注意的是，商家要使用“微信人生”作为辅助插件，必须在开发模式下进行，同时尽量手动填写 URL 和 token 代码，这样才能保证微投票的设置万无一失。

微投票是一个小插件应用，虽然不怎么起眼，却能够引起消费者的注意，商家如有产品调查的意向，完全可以通过微投票来收集数据。

15.4 如何利用微投票来营销产品

在微信营销中，微投票对于商家的意义并不局限于娱乐、调查性质，更多的是利用微投票和用户产生交流和互动。很多时候，商家远不止是发起一次投票那么简单，他们更希望通过投票来聚集人气。就像早期的微博一样，投票的主要目的是根据时下热点吸引用户参与讨论，从而与用户产生交流和互动。微投票也具有相同的性质，只是微博的投票功能比微信更开放，微信因其自身的软件属性，不可能做到像微博那样开放，但这并不影响商家和用户的互动，相反如果商家有足够的营销噱头，一样可以利用微投票将活动搞得很火热。

在订阅号后台找到图文编辑页面后，可以先上传本次微投票的封面图，然后在图文页里说明本次投票的背景、目的、奖品等，以此来吸引用户的参与。例如，商家想统计一下微盟在用户中的受欢迎程度，可以设定一个投票主题：你愿意将微盟推荐给身边的好友吗？

之后便是投票的截止时间。投票选项可设置为单选——“愿意”或“不愿意”，这样统计后台数据时更具可控性。

如果商家有实力，还可以为参与的用户提供奖品，并告诉他们：“每位参与的用户都将有机会获得本次投票活动提供的奖品——年度最流行的 iPhone 6，敬请期待。”抽奖活动能够极大地激发用户的参与热情，从而进一步扩大微投票的营销效应。

微投票营销往往会结合订阅号的文章编辑功能，文字的作用是更好地说明本次活动的具体事项，商家可以通过这样的活动来全方位展示自己的新产品。这种做法虽然比较传统，但行之有效，一旦大众对你的产品产生兴趣，自然会积极参与投票活动。这样商家便能通过投票选项来进行数据分析，如果用户对新产品感兴趣，商家可以在下次的活动策划中作重点推荐，以扩大该产品的影响力。如果用户不感兴趣，那也不要紧，商家可以针对用户的需求对该产品进行改良，从而给他们不一样的产品体验。

微投票只是把调查和营销结合在一起，是一项传统的功能，但现在与微信营销结合在一起，增强了营销属性，让调查和营销更容易、更多样化。

【案例解析 43】

微邀请：深圳礼品展邀请函

微邀请自诞生以来，因其拥有各种功能模板，被商家广泛应用于各领域中，例如商品发布会、商务会议、产品体验活动等，而且取得了不错的成效。

深圳礼品展在展会开始前特意制作了微信邀请函，邀请各界人士前来参与。只要关注深圳礼品展的公众号，在上面回复“自定义邀请函”，便能获得深圳礼品展精心设计的微信邀请函一份。点击邀请函进去，便能看到展会的详细信息，包括展会的时间、地点、特色、地图等。用户如果感兴趣的话，还可以在线报名参加展会，这不仅可以节省门票费用，还能第一时间知晓礼品展的详细消息，可谓一举两得。

深圳礼品展的邀请函符合时下微信营销的潮流，微邀请的出现减少了纸张的浪费，现在基本上不用纸质邀请函来发布活动，只需设计一个微邀请模板便能将邀请函发送出去，让更多的用户看见。而且深圳礼品展的邀请函是专属定制的，不仅页面内容清晰，点击进去还能听到音乐，很有特色，这是传统纸质邀请函做不到的。所以，企业要学会利用微邀请来制作邀请函，打响宣传营销的第一仗。

不仅如此，深圳礼品展的邀请函还可以分享到朋友圈。这一点非常重要，它可以让更多的人知道这次礼品展活动，只要他们感兴趣，便可以在线报名参加展会，而不用到处寻找获取门票的地点，把时间浪费在一些不太重要的事情上。

除了深圳礼品展，优酷也为自己的旅行宣传发出了微邀请。优酷的旅行宣传主题是“优酷侣行”，主题鲜明，而且微邀请的界面色泽鲜明，很容易抓住用户的眼球。

微邀请除了让用户知道邀请函的内容是什么，更重要的是给用户强烈的视觉体验，这样才能让他们记住微邀请，即使自己不感兴趣，也会传播给更多的人，让更多的人知道。

企业在用微邀请来做营销时，除了页面设计外，内容也是吸引用户的关键。单纯介绍活动的内容和地点并不足以吸引用户，但商家如果把这次活动的奖品晒出来，那么用户的参与热情马上会被调动起来，这样活动的效果自然会很好。

【案例解析 44】

微投票：妈咪宝贝微店六一大促销微投票

要搞好微投票，有几点需要注意，做好这几点对微投票的互动效果大有裨益。妈咪宝贝微店六一儿童节期间组织的微投票促销值得各位商家借鉴。

微投票的应用看似简单，但要在简单之中做出令人瞩目的效果并非易事。为此，妈咪宝贝在六一儿童节促销活动中，通过在订阅号里发起微投票活动来咨询用户的意见。

只要关注妈咪宝贝并在其订阅号里回复"投票"二字便能看到一个"亲家你认为六一儿童节我们应该给力怎让的活动"，用户只要点击进去便能参与微投票活动，给予商家反馈。

纵观各行业，举行微投票活动的商家一般都是让用户回复一个关键词来获得微投票的活动链接，妈咪宝贝也不例外。"投票"关键词的设置其实是为了让用户养成搜索习惯，也可让商家根据关键词的设置来区分不同时期的微投票活动。

这是设计好微投票活动的第一步，第二步则是设计一个让人眼前一亮的投票标题。尽管投票活动可以做得很简单，但取一个吸引人眼球的名字会让用户产生好奇心，从而主动点击进去了解投票活动的内容，看自己能从中得到什么意外的好处。

妈咪宝贝就是用这样一个新奇的谐音标题来做爆点，"怎让"二字说明此次微投票的主题。妈咪宝贝的重点是想通过微投票活动了解用户究竟希望得到什么样力度的促销。

其次，微投票的主题图片也很重要。选择一张得体又符合投票主题的照片能够有效地吸引用户的眼球。为此，妈咪宝贝选择一张暖色系有卡通图案的照片作为微投票的封面图，这与其经营的产品非常契合，也能够让许多准妈妈对这个微投票产生兴趣。

当用户点击进去后，页面显示的投票说明也很重要，尽可能用诙谐幽默的语言来写投票说明，这样才能让想要参加投票的用户会心一笑，积极参与你的投票活动。

通过分析微投票的结果，商家能够制定下一步的销售策略，不至于盲人摸象。

投票结束后，如果商家不再需要这些数据，也可以自行删除，非常方便。

The end